존 스토트,
삶의 결정적인 핵심을 깨닫게 한 설교가!

오래전 저는 『새 사람』을 읽으며 강해설교의 영광이 살아나는 듯한 느낌을 받았습니다. 그러나 스토트는 예화를 거의 사용하지 않았다는 어떤 이의 지적에 동의하면서, 자신의 책 『현대 교회와 설교』에서 본서를 창문이 없는 집 같다며 책망했습니다. 하지만 저는 그렇게 생각하지 않습니다. 『새 사람』은 창문이 필요 없는 책입니다. 그 책 전부가 창문입니다!

저는 본서를 통해 1퍼센트의 설명과 99퍼센트의 예화로 구성된 따분한 설교로부터 정신을 차릴 수 있었습니다.
본서는 로마서 본문의 문장 하나, 단어 하나의 의미에 저의 마음을 고정시켰습니다. 존 스토트는 명쾌하고, 설득력 있고, 온전하며, 일관성 있고, 통찰력 있는 언어로 성경 본문을 설명함으로써 로마서의 문장과 단어들을 영광스러운 실재를 들여다보게 하는 창문으로 변화시켰습니다. 하나님의 말씀은 놀라울 정도로 중요하고, 영광스러우면서 두렵고, 부드러우면서 위엄 있고, 충격적이면서 황홀하며, 확실합니다. 그리고 그 말씀이 우리 삶에 적용될 때, 그것은 매순간 우리를 짓누르며, 우리의 마음은 충격으로 녹아내립니다.
우리는 두려워하면서 소망하고, 애통하면서 기뻐하고, 하나님의 도우심을 간절히 구하게 됩니다.
이런 설교가 제가 평생에 바라고 기다렸던 바로 그 설교였습니다.

존 스토트, 저로 하여금 하나님의 말씀의 의미를 깨닫게 해주셔서 감사합니다!

_존 파이퍼

KB220806

존 스토트의 로마서 5-8장 강해

새 사람

Men Made New
by John R. W. Stott

Copyright © 1966 by John R. W. Stott
Originally Published in English under the title *Men Made New*

This Korean edition is translated and used by permission of
Inter-Varsity Press UK through arrangement of rMaeng2, Seoul, Korea.

Korean Copyright © 2011 by Abba Book House, Seoul, Korea.
All rights reserved.

이 한국어판의 저작권은 알맹2를 통해 Inter-Varsity Press UK와 독점 계약한 아바서원에 있습니다.
신 저작권법에 의하여 한국 내에서 보호를 받는 저작물이므로 무단 전재와 무단 복제를 금합니다.

Men Made New

존 스토트의
로마서 5-8장 강해

새 사람

존 스토트 지음 | 정지영 옮김

아바서원

감사의 말

케직사경회에서 로마서 5-8장을 본문으로 말씀을 전할 기회를 준 케직사경회 위원회에 먼저 깊이 감사드립니다. 특히 필자를 격려해 준 호우톤(A. T. Houghton) 회장에게 감사를 드립니다. 큰 텐트에서 나흘 동안 1시간씩 5천여 명의 청중들에게 하나님의 말씀을 강해할 수 있는 기회는 참으로 큰 특권이었습니다. 이 강해서는 케직사경회에서 '그리스도인의 삶'이라는 제목으로 했던 당시의 설교들을 다시 새롭게 집필한 책입니다.

참고로 필자는 개정표준역성경(RSV)을 대본 성경으로 했습니다(우리말 번역본은 개역개정판 성경을 사용했다-옮긴이).

여는 글

로마서는 신약성경 가운데 기독교의 복음을 가장 완전하고 일관되게 설명하는 선언서입니다. 사도 바울은 이 서신에서 인간의 죄와 유기, 인간을 구원하기 위한 그리스도의 죽음, 하나님의 용납을 받는 유일한 조건인 그리스도에 대한 믿음, 그리스도인의 영적 성장을 위한 성령의 사역, 하나님의 목적상 이스라엘의 위치, 복음의 윤리적 함의 등을 포괄하는 하나님의 모든 경륜에 대해 말합니다. 로마서는 너무나 장엄하고 포괄적이며 논리적이어서 대대로 경탄의 대상이 되어 왔을 뿐 아니라 끊임없는 연구의 대상이 되어 왔습니다.

로마서 전체에서 5장부터 8장을 따로 떼어 설교하는 것은 매우 위험합니다. 그럼에도 이런 선택을 할 수밖에 없었던 이유는 하루 한 시간씩 네 번에 걸쳐 나흘 동안 설교해야 하는 시간적 제약 때문이었습니다. 하지만 로마서 5-8장은 하나의 통일체를 이루고 있기 때문에 따로 다룰 수 있습니다.

로마서 5-8장은 의심할 나위 없이 신약성경에서 가장 위대하고 영광스러운 본문입니다. 이 본문은 그리스도인들의 위대한 특권, 곧 하나님이 '새롭게 한' 사람들, 그분이 의롭다고 선언하시고 그리스도 안에서 받아들이신 이들의 특권들을 묘사합니다.

로마서의 전반부(1-4장)는 칭의의 필요성과 칭의의 방법에 관한 진술로서, 모든 인간은 하나님의 의로운 심판 아래 있는 죄인이며 오직 그리스도 예수 안에 있는 구속을 통해서만, 즉 오직 은혜에 의해 믿음으로 말미암아 의롭다 하심을 받을 수 있다는 것을 분명히 밝힙니다. 칭의의 필요성과 그 방법을 설파한 사도는 칭의의 열매들을 지금 이 세상에서 누리는 양자 됨과 순종의 삶, 장래에 있을 천국에서의 영광스러운 삶으로 묘사합니다.

오늘날 너무도 많은 그리스도인들이 복음을 칭의에 관한 좋은 소식으로만 생각하고, 성화와 천국에 관한 좋은 소식이기도 하다는 것은 거의 생각하지 않고 살기 때문에 이 본문은 매우 중요합니다. 우리는 예수 그리스도를 통해 하나님께 나아간 것 자체로 이미 모든 것이 끝난 것처럼 말합니다. 우리는 이미 막다른 골목에 도달했으니 더이상 나갈 곳이 없다고 생각합니다. 그렇지 않습니다! 로마서 5장은 '그러므로 우리가 믿음으로 의롭다 하심을 받았으니…'라는 말씀으로 시작됩니다. 이는 우리가 의롭다 하심을 받았은즉, 이제 칭의의 열매이자 결과에 대해 이야기하겠다는 것입니다. 예수 그리스도를 믿음으로 말미암아 하나님께 받아들여진 것은 구원의 시작일 뿐이라는 뜻입니다.

따라서 우리가 다룰 본문은 의롭다 하심을 받은 신자들, 즉 새 사람이 된 이들의 위대한 특권, 곧 그리스도의 소유가 됨으로써 우리가 소유하게 된 (현세와 내세에서의) 풍성한 유업을 묘사하고 있습니다. 그것들은 바로 하나님과의 화평(5장), 그리스도와의 연합(6장), 율법으로부터의 자유(7장), 성령 안에서의 삶(8장)입니다. 이제부터 이 특권들을 차례대로 살펴보도록 합시다.

1장

로마서 5:1-19

—

하나님과의 화평

로마서 5장은 두 단락으로 분명히 나누어집니다. 첫 번째 단락(1-11절)은 칭의의 열매, 곧 칭의의 결과를 묘사합니다. 두 번째 단락(12-19절)은 우리에게 칭의의 중보자가 되시는 분, 곧 둘째 아담이신 예수 그리스도에 대해서 말합니다.

I. 칭의의 열매(5:1-11)

[1]그러므로 우리가 믿음으로 의롭다 하심을 받았으니 우리 주 예수 그리스도로 말미암아 하나님과 화평을 누리자 [2]또한 그로 말미암아 우리가 믿음으로 서 있는 이 은혜에 들어감을 얻

었으며 하나님의 영광을 바라고 즐거워하느니라 ³다만 이뿐

아니라 우리가 환난 중에도 즐거워하나니 이는 환난은 인내

를, ⁴인내는 연단을, 연단은 소망을 이루는 줄 앎이로다 ⁵소망

이 우리를 부끄럽게 하지 아니함은 우리에게 주신 성령으로

말미암아 하나님의 사랑이 우리 마음에 부은 바 됨이니 ⁶우리

가 아직 연약할 때에 기약대로 그리스도께서 경건하지 않은

자를 위하여 죽으셨도다 ⁷의인을 위하여 죽는 자가 쉽지 않고

선인을 위하여 용감히 죽는 자가 혹 있거니와 ⁸우리가 아직 죄

인 되었을 때에 그리스도께서 우리를 위하여 죽으심으로 하나

님께서 우리에 대한 자기의 사랑을 확증하셨느니라 ⁹그러면

이제 우리가 그의 피로 말미암아 의롭다 하심을 받았으니 더

욱 그로 말미암아 진노하심에서 구원을 받을 것이니 ¹⁰곧 우리

가 원수 되었을 때에 그의 아들의 죽으심으로 말미암아 하나

님과 화목하게 되었은즉 화목하게 된 자로서는 더욱 그의 살

아나심으로 말미암아 구원을 받을 것이니라 ¹¹그뿐 아니라 이

제 우리로 화목하게 하신 우리 주 예수 그리스도로 말미암아

하나님 안에서 또한 즐거워하느니라

열매에 대한 묘사(5:1-2)

이 구절들은 칭의의 결과를 다음과 같은 세 개의 문장으로 요약하고 있습니다. 첫째, 우리는 주 예수 그리스도로 말미암아 하나님과 화평을 누린다(1절). 둘째, 우리는 동일한 그리스도와 동일한 믿음으로 말미암아 우리가 서 있는 이 은혜에 들어감을 얻었다(2절 상). 셋째, 우리는 하나님의 영광을 바라고 즐거워한다(2절 하). 요컨대, 우리의 칭의의 열매는 화평과 은혜와 영광입니다. 즉, (우리가 누리는) 하나님과의 화평, (우리가 그 안에 서 있는) 은혜, (우리가 바라는) 영광입니다.

이를 보다 세밀하게 고찰해 보면, 이 구절들은 우리 구원의 세 가지 시제 또는 세 가지 단계와 관련되어 있음을 알 수 있습니다. 첫째, '하나님과의 화평'은 **칭의의 즉각적인 결과**에 대해 말해 줍니다. 우리는 하나님과 '원수' 되어(10절) 하나님과 불화한 상태에 있었지만, 이제는 하나님의 죄 사함으로 말미암아 하나님과 화목하게 되었습니다. 이렇듯 칭의의 즉각적인 결과는 적대적 관계를 평화로운 관계로 전환시킨 것입니다. 둘째, '우리가 그 안에 서 있는 이 은혜'는 **칭의의 지속적인 결과**에 대해 말해 줌니다. 이는 우리가 은혜에 접근하여 그 은혜 안에 계속 서 있는 상태를 말합니다. 새영어성경(NEB)은 이 구절을 "우리에게는 하나님의 은혜의 영역 안으로 들어가는 것이 허락되었다"라고 번역합니다. 우리는 그 은혜의 영역에 이미 들어갔고, 지금도 그 안에 서 있습니다. 셋째, 우리가 바라는 '하나님의 영광'은 **칭의의 궁극적인 결과**에 대해 말해 줍니다. 여기서 '하나님의 영광'은 '천국'을 의미하는데, 그곳에서는 하나님이 자신을 완전하게 드러내실 것이기 때문입니다[성경에서 '하나님의 영광'은 '하나님의 나타남'을 의미합니다].

우리는 장차 천국에서 하나님의 영광을 볼 뿐 아니라 그 영광에 참여하게 될 것입니다. 우리가 그리스도와 같이 될 것이기 때문입니다(요일 3:2). 여기서의 '소망'은 하나님의 약속에 근거한 분명한 확신 또는 기대를 말합니다. J. B. 필립스(Phillips)가 "행복한 확신"이라고 번역한 이 소망은 너무나 확실하기 때문에 우리는 이미 지금 즐거워할 수 있습니다. '우리는 하나님의 영광을 바라고 (분명히 확신하며) 즐거워합니다.'

이 세 가지 단계는 하나님과의 관계에 있어서 그리스도인의 삶을 균형 있게 묘사한 것입니다. 여기에 이웃과의 관계는 전혀 언급되어 있지 않지만, 하나님과 우리의 관계에 관한 한, 화평과 은혜와 영광, 이 세 가지 요소로 그리스도인의 삶을 아름답게 요약합니다. '화평'이란 말에서 우리는 이제 일단락된 적대 관계를 뒤돌아보게 됩니다. '은혜'란 말에서 우리는 우리를 은혜 안에 서 있게 해주신 그 아버지를 쳐다보게 됩니다. 그리고 '영광'이란 말에서 우리는 우리가 바라는 목표, 곧 장차 하나님의 영광을 목격하고 또 반영하게 될 우리의 최종적인 운명을 바라보게 됩니다.

고난, 영광에 이르는 길(5:3-4)

그렇다고 해서 칭의 이후 좁은 길이 화려한 생초가 즐비한 평탄한 길이라는 말은 아닙니다. 그렇지 않습니다! 그 길에는 날카로운 가시덩굴도 자라고 있습니다. 바울은 3절에서 우리에게 다음과 같이 말합니다. "이뿐 아니라 우리가 환난 중에도 즐거워하나니…." 화평, 은혜, 영광, 맞습니다. 그러나 거기에는 고난도 있습니다.

물론 본문에 나오는 '환난'은 엄밀히 말하면, 질병이나 괴로움, 슬픔이나 애통이 아니라 하나님을 믿지 않는 적대적인 세상의 압박을 의미합니다. 그러나 그런 환난은 언제나 영광에 이르는 길입니다. 부활하신 주님도 친히 그렇게 말씀하셨습니다. 구약성경이 예언한 대로 '그리스도가 고난을 받고 자기의 영광에 들어가야 하리라'라고 말씀하셨고(눅 24:26), 실제로 그러셨습니다. 그리스도에게 해당되는 것은 그리스도인에게도 해당됩니다. 종이 상전보다 결코 크지 못하기 때문입니다(요 13:16). 그래서 사도 바울도 로마서 8장 17절에서 다음과 같이 말했던 것입니다. "우리가 그(그리스도)와 함께 영광을 받기 위하여 고난도 함께 받아야 할 것이니라."

우리가 현재 당하고 있는 고난이 장래에 받을 영광과 어떤 관계에 있는지 잘 살펴보십시오. 현재의 고난이 그저 장래의 영광에 이르는 길이라는 말이 아닙니다. 장래의 영광을 기대하며 지금 당하는 고난을 웃으며 넘길 수 있다는 것도 아닙니다. 그렇지 않습니다. 본문에 따르면, 현재의 고난과 장래의 영광의 관계는 우리가 양자 모두에서 즐거워한다는 점에 있습니다. 만일 우리가 '영광을 바라고 즐거워한다면'(2절), 우리는 지금 당하고 있는 고난 중에도 '즐거워합니다'(3절). 여기에 사용된 헬라어는 '매우 즐거워한다'는 뜻을 갖고 있습니다. 현재의 고난과 장래의 영광은 모두 그리스도인이 매우 즐거워해야 할 대상인 것입니다. 어떻게 그럴 수 있을까요? 어떻게 우리는 현재의 고난 중에서도 즐거워할 수 있을까요? 어떻게 우리를 괴롭히는 것에서 기쁨을 찾을 수 있을까요? 3-5절이 이러한 역설을 설명해 줍니다.

3-5절은 우리가 고난 자체를 즐거워하는 것이 아니라 그로 인한 유익한 결과를 즐거워한다고 말합니다. 우리는 고통을 즐거워하는 마조히스트들이 아닙니다. 우리는 이를 갈면서 고통을 참아 내는 금욕주의자들도 아닙니다. 그리스도인이란 지금 당하고 있는 고난 속에서 하나님의 은혜로운 목적이 성취되는 것을 볼 줄 아는 사람입니다. 우리는 고난이 낳은 결과로 인해 즐거워합니다. "고난은 인내를 낳고 인내는 연단을 낳는다." 이렇듯 우리가 고난 중에도 즐거워하는 이유는, 그것이 낳는 결과 때문입니다. 그렇다면 고난이 이루는 것은 무엇일까요? 본문은 이 것을 세 가지 단계로 제시합니다.

1단계. **환난은 인내를 낳는다.** 감염에 의해 항체가 몸 안에 생기듯이 환난 중에 필요한 인내는 환난에 의해 생깁니다. 고난을 경험해 보지 않고서 우리는 인내를 배울 수 없습니다. 고난 없이는 인내할 것도 없기 때문입니다.

그래서 고난이 인내를 낳는 것입니다.

2단계. **인내는 연단을 낳는다.** '연단'(새번역에는 '단련된 인격')이라고 번역된 '도키메'라는 헬라어는 테스트를 받아 통과한 사람이나 사물의 특질을 뜻합니다. 다윗이 블레셋과의 전쟁에서 사울이 준 갑옷과 투구를 받고는 그것을 시험해 보지 않았기에 입을 수 없다고 말했을 때 의미한 것이 바로 이것이었습니다. 우리는 고난을 겪고 승리한 사람의 성숙한 성품을 알아볼 수 있습니다. 환난은 인내를 낳고, 인내는 단련된 인격을 낳습니다.

3단계. **단련된 인격은 소망을 낳는다.** 말하자면, 궁극적인 영광에 대한 확신을 낳는다는 뜻입니다. 환난의 인내를 통해 얻은 성숙한 인격은 장래의 영광에 대한 소망을 가져옵니다. 이 말의 의미는, 우리의 인격이 개발되고 성숙하는 것은 하나님이 우리에게, 그리고 우리 안에서 일하고 계신다는 증거라는 것입니다. 하나님이 우리의 삶 속에서 이처럼 일하고 계신다는 사실은, 우리가 완전히 성숙하기까지 하나님이 그 작업을 포기하지 않으실 것이란 확신을 우리에게 줍니다. 만일 그분이 우리의 성품을 변화시키기 위해 지금도 우리 안에서 일하고 계신다면, 그분은 우리를 마침내 영광에 이르게 하실 것이 분명합니다. 여기서 다시금 우리는 고난과 영광이 결코 떨어질 수 없는 관계임을 알게 됩니다. 우리가 하나님의 영광을 바라고 즐거워한다면, 또한 우리가 환난 중에도 즐거워하는 이유는, 우리의 환난이 이러한 영광에 대한 소망을 낳기 때문입니다. 만일 영광에 대한 소망이 환난에 의해 생긴다면, 우리는 영광 가운데서 뿐 아니라 환난 가운데서도 즐거워할 수 있는 것입니다. 우리는 최종 목표(영광)를 즐거워할 뿐 아니라 그 목표에 이르는 수단(환난) 속에서도 즐거워합니다. 우리는 이 둘 모두 안에서 즐거워합니다.

하나님의 사랑에 근거한 확신(5:5)

이렇게 말하면 어떤 사람은 다음과 같이 질문할 것입니다. "영광에 대한 소망이 결코 헛되지 않다는 것을 어떻게 아는가? 그것이 단지 우리의 희망사항이 아니라는 것을 어떻게 아는가? 당신이 지금 천국(영광)을 향해 가고 있다고 말하는 건 좋지만, 그것을 어떻게 아는가?" 사도 바울은 이런 반론을 예상했다는 듯이 다음과 같이 말합니다. 무엇보다 먼저 "소망은 우리를 부끄럽게 하지 않는다"라고 말합니다. 소망은 결코 우리를 실망시키지 않을 것이라는 말입니다. 새영어성경은 이 구절을 "그와 같은 (영광에 대한) 소망은 결코 헛되지 않습니다"라고 번역하고 있습니다. 그것은 참된 소망이라는 뜻입니다. 그러면 그 사람은 다음과 같이 질문을 계속할 것입니다. "그것은 당신의 말일 뿐이다. 그런데 당신은 그것이 옳다는 것을 어떻게 아는가? 그 소망이 당신을 결코 실망시키지 않으리라는 것을 어떻게 확신하는가?" 이 질문에 대해 사도 바울은 5절 후반부에서 대답합니다. "우리에게 주신 성령으로 말미암아 하나님의 사랑이 우리 마음에 부은 바 되었기 때문에." 우리 소망의 근거가 되는 든든한 토대는 바로 하나님의 사랑입니다. 하나님이 우리를 영광에 이르게 하실 것임을 우리가 조금도 의심할 필요가 없는 것은, 우리를 사랑하고 계신 이가 바로 하나님이기 때문입니다. 우리는 끝까지 견딜 것이라고 믿고, 이렇게 확신할 만한 충분한 근거를 갖고 있습니다. 우리가 '환난은 인내를, 인내는 인격을, 인격은 소망을 낳는다'라고 확신할 수 있는 부분적인 이유는 하나님이 고난을 통해 우리의 인격을 형성하고 계시다는 점에 있습니다. 이렇듯 하나님이 지금 여기에서 우리를 거룩하게 만들고 계시다면, 그분이 장차 우리를 영화롭게 하실 것임은 너무나도 분명합니다. 그러나 가장 확실한 이유는 하나님의 사랑이 우리를 그냥 내버려 두지 않으실 것이란 사실에 있습니다.

이 구절의 핵심논지는 우리가 하나님의 영광을 보고 또 공유하게 되리라는 소망을 갖고 있다는 것입니다. 우리는 이러한 소망이 확실할 뿐만 아니라 결코 헛되지 않으며 우리를 절대로 실망시키지 않을 것임을 믿습니다. 하나님의 사랑이 우리를 실망시키지 않고 그냥 내버려 두지 않으실 것이기 때문입니다.

여기서 어떤 이들은 다음과 같이 반문할 것입니다. "하지만 하나님이 당신을 그렇게 사랑하신다는 것을 어떻게 아는가?" 이 질문에 대해서도 바울은 다음과 같이 분명히 대답합니다. 하나님의 사랑을 내적으로 경험하기 때문에, 즉 '우리에게 주신 성령을 통해 하나님의 사랑이 우리 마음속에 넘치고 있기' 때문에 하나님이 우리를 사랑하고 계심을 알고 있다고 말입니다. 성령은 모든 그리스도인에게 주신 하나님의 선물입니다. 그리고 성령의 사역 중 하나가 하나님에 대한 우리의 사랑이 아니라, 우리에 대한 하나님의 사랑을 우리의 마음속에 홍수처럼 강력하게 부어 주심으로써 하나님이 우리를 사랑하고 계심을 생생하게 깨닫게 하는 것입니다. 이 같은 사실을 바울은 로마서

8장 16절에서 다음과 같이 표현합니다. "성령이 친히 우리의 영과 더불어 우리가 하나님의 자녀인 것을 증언하신다." 또한 우리를 사랑하는 분이 바로 하늘에 계신 우리 아버지라고 증언합니다. 성령은 하나님의 사랑을 우리의 마음속에 부어 주시기를 기뻐하십니다.

여기서 우리는 5절에 나오는 동사의 시제 변화에 주목할 필요가 있습니다. 먼저 '우리에게 주신 성령'이란 구절에서의 '주신'이란 동사는 과거에 있었던 사건을 뜻하는 부정과거형이지만, '하나님의 사랑이 우리 마음에 부은 바 됨'이라는 구절에서의 '부은'이라는 동사는 과거의 사건이 현재에도 지속적인 영향을 미치고 있음을 뜻하는 완료형입니다. 따라서 우리는 믿고 회심한 순간에 성령을 받았다는 사실을 알게 됩니다. 동시에 성령은 우리 마음속에 하나님의 사랑을 퍼부었고 지금도 그렇게 하고 있다는 것을 알 수 있습니다. 그 충만한 사랑이 성령을 통해 지금도 존재합니다. 우리에게 단번에 주어진 성령은 우리 마음속에 하나님의 사랑이 영원히 흘러넘치게 하십니다.

이상의 다섯 구절을 요약해 볼 때 우리는 칭의의 열매가 삼중적임을 알 수 있습니다. 첫째, 우리는 하나님과의 화평을 누리게 되었다. 둘째, 우리는 지금 은혜 안에 서 있게 되었다. 셋째, 우리는 하나님의 영광에 대한 소망을 갖게 되었다. 소망은 하나님이 환난의 인내를 통해 우리 안에 이루시는 인격에 의해 만들어지지만, 성령이 우리 마음속에 부어 주시는 하나님의 사랑에 대한 확신에 의해 확증됩니다. 바꿔 말하면, 그리스도 안에서 우리를 의롭다고 선언하시는 하나님의 판결의 칭의는 순간적인 행위이지만, 그것은 현재의 '은혜'와 장래의 '영광'이란 말로 요약되는 하나님과의 영원한 관계로 우리를 인도하는 것입니다.

이제 6-11절에서 우리는 이러한 칭의의 열매가 보다 상세히 기술되는 것을 보게 됩니다. 1-5절에서 환난을 연결고리로 삼아 화평과 소망, 칭의와 영화를 결부시켰던 바울은, 이제 6-11절에서 그리스도의 고난과 죽으심을 연결고리로 삼아 그것들을 다시 결부시킵니다.

경건하지 않은 자를 위해 죽으신 그리스도(5:6-8)

이제 그리스도의 죽으심에 대해 바울이 우리에게 무엇을 말하고 있는지 살펴보겠습니다. 바울은 그리스도께서 아무런 자격이 없는 자들을 위해 죽으셨음을 우리에게 상기시켜 줍니다. 이것이 이 구절들의 강조점입니다. 자, 이제 이 구절들이 우리를 어떻게 묘사하고 있는지 주목하십시오. 첫째, 우리를 자신을 구원하지 못하는 '연약한'(무력한, 6절) 자들로 묘사합니다. 둘째, 우리를 하나님의 권위에 반항하는 '경건하지 않은' 자들로 묘사합니다. 셋째, 우리를 의(義)의 표적을 제대로 맞추지 못한 '죄인'으로 묘사합니다. 넷째, 하나님과 적대적 관계에 있는 '원수'라고 부릅니다. 죄에 빠진 인간에 대한 이 얼마나 두렵고 가공할 만한 묘사입니까! 우리는 실패자요, 반역자요, 원수들이며, 우리 자신을 구원할 능력이 없는 무력한 자들입니다.

그런데 이 구절들의 핵심은 그리스도께서 바로 그러한 자들을 위해 죽으셨다는 것입니다. 의로운 자-행실이 올곧은 사람-를 위해 죽는 사람은 아주 드물고, 착한 자-따뜻하고 매력적인 선인-를 위해 용감하게 죽는 사람은 조금 있습니다. 그러나 우리가 아직 죄인이었을 때에 우리를 위해 그리스도께서 죽으심으로 하나님께서 우리에 대한 자기의 사랑을 확증하셨습니다. (헬라어 문장에서는 '자기의'를 강조하는데, 이는 하나님의 유일무이한 사랑을 보여 주신다는 뜻입니다.) 곧 그리스도는 행실이 올곧은 사람이나 매력적인 선한 사람들을 위해서가 아니라, 매력이 없을 뿐 아니라 아무런 가치와 자격도 없는 죄인들을 위해 죽으셨던 것입니다.

이러한 사실은 9-11절에 나오는 논증의 배경을 마련해 줍니다. 9-11절은 한층 더 진전된 논증, 곧 작은 것에서 큰 것으로 나아가는 논증으로, 옛 진리에 기초해 새로운 진리에 도달하는 고전적인 논증 방법입니다. 바울이 여기서 하고 있는 작업이 바로 이것입니다. 그는 우리의 구원의 두 단계, 즉 칭의와 영화를 대조시키고, 칭의가 어떻게 영화를 보증하는지를 보여 줍니다.

칭의와 영화(5:9-11)

여기서 우리는 바울이 칭의와 영화를 어떤 식으로 대조시키고 있는지 조금 자세히 살펴볼 필요가 있습니다.

첫 번째, 바울은 **칭의와 영화가 무엇인지**를 대조하고 있습니다. "그러면 이제 우리가 그의 피로 말미암아 의롭다 하심을 받았으니 더욱 그로 말미암아 진노하심에서 구원을 받을 것이니"(9절). 이 구절이 현재의 칭의와 장차 심판 날에 있을 하나님의 진노로부터의 구원을 대조하고 있음은 분명합니다. 우리가 의롭게 되었기 때문에 이미 하나님의 정죄로부터 구원을 받았다면, 장차 심판의 날에 그분의 진노로부터 얼마나 더 많이 구원을 받겠습니까? 이것이 첫 번째 대조사항입니다.

두 번째, 바울은 **칭의와 영화가 어떻게 성취되는지**를 대조합니다. "곧 우리가 원수 되었을 때에 그의 아들의 죽으심으로 말미암아 하나님과 화목하게 되었은즉 화목하게 된 자로서는 더욱 그의 살아나심으로 말미암아 구원을 받을 것이니라"(10절). 여기서 부각되고 있는 대조점은 구원의 두 단계를 성취하기 위해 채택된 수단, 즉 하나님의 아들의 죽으심과 살아나심과 관계가 있습니다. 여기서 '살아나심'이란 물론 그리스도의 부활하신 생명을 말합니다. 그리스도의 부활하신 생명은 그리스도의 죽으심이 이 땅에서 시작했던 일을 하늘에서 완성할 것입니다. 이 진리에 대한 가장 좋은 해석은 로마서 8장 34절에 나옵니다. 거기서 우리는, 그리스도가 죽으셨을 뿐 아니라 다시 살아나셔서 하나님 우편에 앉아, 자신의 죽음으로 성취한 것을 그의 부활로 완성하시면서 우리를 위해 중재하고 계신다는 사실을 알게 됩니다.

세 번째, 바울은 **칭의와 영화를 받는 사람들**을 대조시킵니다. 10절을 다시 한 번 보겠습니다. "곧 우리가 원수

되었을 때에 그의 아들의 죽으심으로 말미암아 하나님과 화목하게 되었은즉 (더 이상 원수가 아닌) 화목하게 된 자로서는 더욱 그의 살아나심으로 말미암아 구원을 받을 것이니라." 만일 하나님이 원수들과 화해하셨다면, 그분이 그의 친구들을 구원하실 것은 더욱 분명하지 않습니까?

그러므로 9-10절에는 우리가 완전하고 궁극적인 구원을 얻게 될 것이라는 강력한 논증이 담겨 있습니다. 즉 우리는 구원의 길에서 결코 떨어지지 않을 것이며, 끝까지 보존되어 영화롭게 될 것이라는 강력한 전제가 깔려 있는 것입니다. 이러한 생각은 단순히 감상적인 낙관주의가 아니라 확고한 논리에 근거한 것입니다. 그 논리란 이런 것입니다. 우리가 원수 되었을 때에 하나님이 자신의 아들을 우리를 위해 죽음에 내어 주셔서 우리와 화해하셨다면, 하물며 하나님의 친구가 된 우리를 그의 아들의 살아나심에 근거해 그의 진노로부터 더욱 구원하지 않겠느냐는 것입니다. 하나님이 자신의 원수들을 위해 (그분의 아들의 죽으심 같은) 비싼 대가를 치르셨다면, 전에 원수였다가 지금은 친구가 된 자들을 위해 그보다 덜 비싼 대가를 치르지 못할 이유가 어디에 있겠습니까? 이러한 바울의 반박할 수 없는 논리를 충분히 이해할 때까지 본문을 깊이 묵상해 보십시오.

그러나 그리스도인의 삶은 이 정도가 아닙니다. 기독교는 그저 의롭다 하심을 받았다는 사실을 회고하고 영화롭게 될 것을 바라보는 것에 그치지 않습니다. 그리스도인은 과거와 장래에만 골몰하는 그런 존재가 아닙니다. 신자는 지금 여기에서 구원의 삶을 누리는 존재입니다. 이점을 11절이 분명하게 말합니다. "그뿐 아니라 이제 우리로 화목하게 하신 우리 주 예수 그리스도로 말미암아 하나님 안에서 또한 즐거워하느니라." 우리는 소망 가운데 즐거워합니다. 우리는 환난 가운데서도 즐거워합니다. 그러나 무엇보다 우리는 그리스도로 말미암아 하나님 그분 안에서 즐거워합니다!

앞에서 보았듯이, 우리가 하나님과 화평을 누릴 수 있게 된 것은 예수 그리스도 때문입니다(1절). 이러한 은혜에 들어갈 수 있게 된 것은 예수 그리스도 때문입니다(2절). 우리가 의롭다 하심을 받은 것도 그리스도의 피 때문입니다(9절). 우리가 궁극적으로 구원을 받을 수 있게 된 것도 그리스도의 살아나심 때문입니다(10절). 우리가 화목하게 된 것도 바로 주 예수 그리스도 때문인 것입니다(11절). 그러므로 우리는 우리 주 예수 그리스도로 말미암아, 곧 우리를 위해 측량할 수 없는 귀한 복들을 성취하신 분으로 말미암아 하나님 안에서 즐거워할 수 있는 것입니다.

로마서 5장 전반부의 두 단락(1-5절과 6-11절)에서 우리는, 사도 바울의 사상이 칭의에서 영화로, 곧 하나님이 이미 우리를 위해 행하셨던 일로부터 장차 만물이 완성될 때 그분이 우리를 위해 행하실 일로 움직이고 있음을 보았습니다. 이 점은 1-2절과 9절에서 분명히 나타납니다. "그러므로 우리가 믿음으로 의롭다 하심을 받았으니… 하나님의 영광을 바라고 즐거워하느니라." "그러면 이제 우리가 그의 피로 말미암아 의롭다 하심을 받았으니 더욱 그로 말미암아 진노하심에서 구원을 받을 것이니."

나아가 1-5절과 6-11절, 두 단락에서 바울은 하나님의 사랑에 대해 진술하면서 궁극적인 구원에 대한 우리의 확신이 하나님의 사랑에 근거하고 있음을 말합니다. 이것 외에 우리가 확신할 수 있는 근거는 전혀 없습니다. 바울은 하나님의 사랑이 우리의 마음에 넘쳐흘렀으며(5절), 우리가 죄인이었음에도 불구하고 그리스도께서 우리를 위하여 죽으심으로 우리에 대한 하나님의 사랑을 확증하셨다고 선언합니다(8절). 우리 그리스도인들은 결국 천국에 가게 될 것이라고 말하고, 우리가 궁극적인 구원을 확신할 수 있는 것은 우리의 자기 의(義)나 자신감 때문이 아니라 하나님의 변함없는 사랑, 곧 우리를 결코 저버리지 않으실 그분의 사랑을 믿기 때문입니다.

다음으로, 이 두 단락은 하나님이 우리를 사랑하신다고 믿을 만한 객관적인 근거와 주관적인 근거를 제공합니다. 먼저, 하나님이 우리를 사랑하신다고 믿을 수 있는 객관적인 근거는 역사적인 것입니다. 그것은 바로 십자가 위에서 그 아들이 죽은 사건입니다. 이를 새영어성경은 다음과 같이 번역했습니다. "우리가 아직 죄인이었을 때에 그리스도께서 우리를 위해 죽으셨으니, 이것은 우리를 사랑하신다는 하나님 자신의 증거입니다." 다음으로, 하나님이 우리를 사랑하신다고 믿을 만한 주관적인 근거는 경험적인 것입니다. 그것은 역사가 아니라 경험 속에 있습니다. 그리스도의 죽음이 아니라 우리 속에 있는 성령의 선물과 관계가 있습니다. 그래서 하나님이 우리에 대한 그분의 사랑을 십자가에서 입증하셨다고 말하며(8절), 그분이 자신의 사랑을 우리의 마음속에 부으셨다(5절)고 말하고 있는 것입니다. 이렇게 우리는 하나님이 우리를 사랑하신다는 것을 알게 됩니다. 우리는 하나님이 전혀 무가치한 우리를 위해 그분의 최고의 보물을 내어 주신 십자가를 상고할 때 그 사랑을 이성적으로 알게 됩니다. 그리고 성령께서 그 사랑을 우리 마음속에 퍼부어 주셔서 우리가 느끼게 될 때 우리는 직관적으로 알게 됩니다.

사도 바울은 궁극적 구원에 대한 우리의 확신을 언제나 지식과 결부시킵니다. "소망이 우리를 부끄럽게 하지 아니함은"(5절). 궁극적인 구원에 대한 우리의 소망이 결국 성취될 것임을 우리가 안다는 말입니다. 이 소망은 확실한 근거를 갖고 있기 때문에 우리를 결코 실망시키지 않을 것입니다. 그런데 우리가 이것을 어떻게 알게 됩니까? 하나님의 사랑이 성령을 통하여 우리 마음에 흘러넘쳤기 때문입니다. 또한 우리는 하나님의 진노하심으로부터 구원을 받으리라는 것을 압니다. 우리가 이것을 어떻게 알게 됩니까? 우리가 아직 원수와 죄인들이었을 때에 하나님이 자기 아들을 우리를 위해 죽도록 내어 주셔서 우리를 향한 자신의 사랑을 증명하셨기 때문입니다.

우리 가운데 자신의 영원한 구원에 대해 의심하고 있는 그리스도인이 있습니까? 당신이 의롭게 되었다고 확신하지만 궁극적인 구원에 이를 수 있을지 확신하지 못하고 있습니까? 그렇다면 궁극적인 영화는 곧 칭의의 열매라는 것을 다시 강조하고 싶습니다. "… 의롭다 하신 그들을 또한 영화롭게 하셨느니라"(롬 8:30). 이 문제가 여전히 당신을 괴롭히고 있다면, 당신을 사랑하시는 하나님을 신뢰하라고 권면하는 바입니다. 십자가를 바라보고 그것을 하나님이 당신을 사랑하신다는 증거로 삼으십시오. 당신의 마음속에 계시는 성령을 통해 그분의 사랑이 당신의 마음에 계속해서 흘러넘치게 해 달라고 간구하십시오. 그러면 그와 같은 의심과 두려움이 사라져 버릴 것입니다. 그것들을 변하지 않는 하나님의 사랑이 삼켜 버리도록 하십시오.

II. 칭의의 중보자(5:12-19)

[12]그러므로 한 사람으로 말미암아 죄가 세상에 들어오고 죄로 말미암아 사망이 들어왔나니 이와 같이 모든 사람이 죄를 지었으므로 사망이 모든 사람에게 이르렀느니라 [13]죄가 율법 있기 전에도 세상에 있었으나 율법이 없었을 때에는 죄를 죄로 여기지 아니하였느니라 [14]그러나 아담으로부터 모세까지 아담

의 범죄와 같은 죄를 짓지 아니한 자들까지도 사망이 왕 노릇 하였나니 아담은 오실 자의 모형이라 ¹⁵ 그러나 이 은사는 그 범죄와 같지 아니하니 곧 한 사람의 범죄를 인하여 많은 사람이 죽었은즉 더욱 하나님의 은혜와 또한 한 사람 예수 그리스도의 은혜로 말미암은 선물은 많은 사람에게 넘쳤느니라 ¹⁶ 또 이 선물은 범죄한 한 사람으로 말미암은 것과 같지 아니하니 심판은 한 사람으로 말미암아 정죄에 이르렀으나 은사는 많은 범죄로 말미암아 의롭다 하심에 이름이니라 ¹⁷ 한 사람의 범죄로 말미암아 사망이 그 한 사람을 통하여 왕 노릇 하였은즉 더욱 은혜와 의의 선물을 넘치게 받는 자들은 한 분 예수 그리스도를 통하여 생명 안에서 왕 노릇 하리로다 ¹⁸ 그런즉 한 범죄로 많은 사람이 정죄에 이른 것 같이 한 의로운 행위로 말미암아 많은 사람이 의롭다 하심을 받아 생명에 이르렀느니라 ¹⁹ 한 사람이 순종하지 아니함으로 많은 사람이 죄인 된 것 같이 한 사람이 순종하심으로 많은 사람이 의인이 되리라

앞 부분(1-11절)에서 바울은, 하나님과 우리의 화해와 우리의 궁극적인 구원의 출처를 예수님의 죽음에서 찾았습니다. 바울의 이런 설명은 즉시 다음과 같은 질문을 불러

일으킵니다. "어떻게 한 사람의 희생으로 그토록 많은 사람들이 혜택을 받을 수 있는가? 그것은 윈스턴 처칠의 말처럼 '그토록 많은 사람이 극소수의 사람들에게 빚을 지고 있다'는 것이 아니다. 그토록 많은 사람들이 한 사람, 즉 십자가에 못 박힌 그리스도에게 빚을 지고 있다는 것이다. 어떻게 이런 일이 있을 수 있는가?"

사도 바울은 이와 같은 질문에 대해 아담*과 '둘째 아담'이신 그리스도 간의 유사성을 끌어내어 답변합니다. 아담과 그리스도는 많은 사람이 한 사람의 행위로 인해 (좋든 나쁘든) 영향을 받을 수 있다는 원리를 입증해 줍니다.

---

* 오늘날 어떤 사람들은 아담과 하와의 이야기를 역사가 아닌 신화로 간주하려고 합니다. 하지만 성경은 이와 같은 생각을 결코 용납하지 않습니다. 창세기 첫 세 장에 비유적인 요소가 있는 것은 사실입니다. 따라서 7일 창조, 말하는 뱀, 생명나무, 선악과 같은 것들이 정확히 무엇을 말하는지는 어려운 문제인 만큼 누구도 독단적인 주장을 할 수 없습니다. 그렇지만 아담과 하와가 본래 선하게 창조되었다가 불순종으로 인해 죄에 빠진 역사적 인물이었다는 사실을 의심해도 된다는 뜻은 아닙니다. 아담과 하와의 역사성을 지지하는 최고의 논증은 과학적인 것(예, 인류의 동질성)이 아니라 신학적인 것입니다. 성경을 믿는 그리스도인은 아담과 하와의 역사성을 구약의 이야기 때문이 아니라 신약 신학 때문에 받아들입니다.

사도 바울은 로마서 5장 12-19절과 고린도전서 15장 21, 22, 45-49절에서 아담과 그리스도의 유사성을 끌어내는데, 이는 양자가 역사적 인물인 경우에 타당성을 갖게 됩니다. 각 인물은 인류의 머리로 묘사되어 있습니다. 타락한 인류는 아담 때문에 망하게 되었고, 구속받은 인류는 그리스도 덕분에 구원을 받게 되었습니다. 죽음과 정죄는 아담의 불순종으로 거슬러 올라가고, 생명과 칭의는 그리스도의 순종으로 거슬러 올라갑니다. 이 모든 논리는 양자의 역사적 행위에 기반을 두고 있습니다.

그리스도 이전의 인간의 역사(5:12-14)

첫 세 구절은 아담과 관련되어 있습니다. "그러므로 한 사람으로 말미암아 죄가 세상에 들어오고 죄로 말미암아 사망이 들어왔나니 이와 같이 모든 사람이 죄를 지었으므로 사망이 모든 사람에게 이르렀느니라"(12절). 이 구절은 그리스도 이전의 인간의 역사를 세 단계로 요약하는 매우 중요한 구절입니다. 첫째, 죄가 한 사람으로 말미암아 세상에 들어왔으며, 둘째, 그 죄로 인해 사망이 세상에 들어왔으며(사망은 죄에 대한 벌이기 때문에), 셋째, 모든 사람이 죄를 지었기 때문에 사망이 모든 사람에게 이르렀다고 말하고 있습니다. 인간의 역사는 죄의 침투와 사망의 침투, 그리고 인류의 사망 등 세 단계의 역사이며, 지금의 보편적인 사망은 한 사람의 원죄 때문에 도래한 것입니다.

이렇게 한 사람의 범죄에서 모든 사람의 사망에 이르는 과정은 13-14절에서 더욱 자세하게 설명됩니다. 모든 사람이 아담과 같은 죄를 범했기 때문이 아니라 아담 안에서 죄를 범했기 때문에 사망이 오늘날 모든 사람에게 임하게 되었다고 말입니다. 이 사실은 아담부터 모세까지, 곧 인류의 타락부터 율법이 주어지기까지 일어났던

일 때문에 명백하다는 것이 바울의 주장입니다. 사람들이 그 기간에 죄를 범하긴 했지만 그들의 죄는 죄로 간주되지 않았습니다. 왜냐하면 율법이 없었을 때에는 죄를 죄로 여기지 않았기 때문입니다(13절). 그러나 율법이 없었을 때에도 사람들은 여전히 죽었습니다. "… 아담으로부터 모세까지 아담의 범죄와 같은 죄를 짓지 아니한 자들까지도 사망이 왕 노릇 하였나니"(14절). 바울은 그들이 사망한 이유는 아담처럼 고의적으로 죄를 지었기 때문이 아니라, 그들과 (그리스도를 제외한) 모든 인류가 인류의 머리인 아담 속에 속해 있었기 때문이라고 논리적으로 주장하고 있는 것입니다. 우리도 포함되어 있습니다. 성경적으로 표현하면, 우리는 아담의 허리에 있었기 때문에(히 7:10) 어떤 의미에서 아담의 죄에 포함되어 있었다고 할 수 있는 것입니다. 우리가 스스로 무죄하다고 주장하며 아담에게 손가락질할 수 없는 것은 우리도 그의 범죄에 관련되어 있기 때문입니다. 이렇듯 오늘 우리가 죽는 것은 우리가 아담 안에서 죄를 범했기 때문입니다.

아담과 그리스도의 유사성(5:15-19)

지금까지 바울은 아담에 초점을 맞추었습니다. 이제 14절 끝부분에서 사도는 아담을 '오실 자의 모형'이라고 부릅니다. 즉, 아담은 예수 그리스도의 원형이었던 것입니다. 그리고 15절에서는 아담과 그리스도 사이의 유사성을 설명하기 시작합니다. 이는 유사점과 차이점이 모두 포함되어 있는 흥미진진한 유추입니다. 두 인물 사이의 유사점은 사건의 패턴에 있습니다. 많은 사람이 한 사람의 행위에 영향을 받았다는 사실 말입니다. 이것이 그 두 인물 사이의 유일한 유사점입니다. 반면에, 두 인물 사이에는 세 가지 극명한 차이점들이 있습니다. 그것은 바로 아담의 한 행위와 그리스도의 한 행위 사이의 동기와 결과, 그리고 특성이 서로 다르다는 것입니다. 다시 말해, 죄를 지은 아담의 동기는 그리스도의 죽음의 동기와 다르고, 아담의 죄의 결과는 그리스도의 죽음의 결과와 다르며, 아담의 행위의 특성은 그리스도의 행위의 특성과 완전히 다르다는 것입니다. 이제 이 세 가지 차이점을 좀 더 살펴보도록 하겠습니다.

두 행위의 동기. 15절은 '그러나 이 은사는 그 범죄와 같지 아니하니'라는 말씀으로 시작합니다. 여기서 '범죄'로 번역된 헬라어 '파라프토마'는 정도에서 이탈한 행위, 탈선한 행위를 뜻합니다. 아담은 자신이 가야 할 길을 잘 알고 있었습니다. 하나님은 아담에게 그가 가야 할 길을 말씀해 주셨습니다. 그러나 아담은 거기에서 벗어나 길을 잃어버렸습니다. 반면에 '은사'(값없는 선물)로 번역된 헬라어 '카리스마'는 은혜로운 행위를 가리킵니다. 아담의 행위는 자기주장의 행위, 즉 자기만의 길을 가고 싶은 동기에서 비롯된 것이었습니다. 그러나 그리스도의 행위는 자기희생의 행위, 곧 아무런 자격이 없는 이들을 향한 은혜의 행위였습니다. 따라서 두 인물의 행위 사이에는 대조적인 동기가 있는 것입니다. 아담의 동기는 아집이었지만, 그리스도의 동기는 자기희생이었습니다.

두 행위의 결과. 우리는 15b-17절에서 두 행위의 대조적인 결과를 볼 수 있습니다. 이것은 이미 15절 끝부분에서 예상되었던 것입니다. 거기에서 바울은 한 사람의 죄가 많은 사람에게 사망의 무서운 형벌을 가져왔지만, 하나님과 한 사람 예수 그리스도의 은혜는 많은 사람에게 영원한 생명(6:23)이란 값없는 선물을 베풀었다고 말합니다. 이와 같이 15절이 사망을 생명과 대조하는 데 비해,

16-17절은 아담과 그리스도의 행위가 초래한 정반대의 결과를 설명합니다. "… 심판은 한 사람으로 말미암아 정죄에 이르렀으나 은사는 많은 범죄로 말미암아 의롭다 하심에 이름이니라 한 사람의 범죄로 말미암아 사망이 그 한 사람을 통하여 왕 노릇 하였은즉 더욱 은혜와 의의 선물을 넘치게 받는 자들은 한 분 예수 그리스도를 통하여 생명 안에서 왕 노릇 하리로다." 아담과 그리스도의 행위가 낳은 대조적인 결과에 주목해 보십시오. 아담의 죄는 우리에게 정죄(카타크리마)를 가져다주었지만, 그리스도의 행위는 칭의(디아카이오마)를 가져다주었습니다. 다시 말해 아담의 죄로 인해서는 사망이 왕 노릇 하게 되었고, 그리스도의 행위를 통해서는 생명이 왕 노릇 하게 된 것입니다. 이보다 더 완벽한 대조가 어디에 있겠습니까? 정죄와 칭의, 사망과 생명. 이 양자는 실로 절대적인 대조입니다.

여기서 우리는 사도 바울이 생명과 사망을 대조시키고 있는 방식에 주목할 필요가 있습니다. 단순히 사망의 왕 노릇이 생명의 왕 노릇으로 교체되었다는 것이 아닙니다. 왜냐하면 바울은 생명이 왕 노릇 하고 있다고 말하지 않고, 우리가 '생명 안에서 왕 노릇' 할 것이라고 말하고 있기 때문입니다(17절). 이전에는 사망이 우리를 다스리고 있었습니다. 사망이 우리 위에서 왕 노릇 하고 있었고, 우리는 그 전제군주적인 폭정 아래에서 신하로 종노릇하고 있었습니다. 우리는 이제 사망의 왕국에서 다른 왕국으로 소속을 바꾸어 또 다른 의미에서 종과 신하로 있는 것이 아닙니다. 이제 우리는 사망의 통치권에서 벗어나서 사망과 하나님의 모든 대적들을 다스리기 시작합니다. 그동안 종노릇하던 것을 그치고 그리스도의 왕권을 함께 누리는 왕이 된 것입니다.

두 행위의 특성. 지금까지 우리는 아담의 행위와 그리스도의 행위가 동기(행위를 촉발시킨 것)와 결과(그 행위가 초래한 것)에 각각 차이가 있었음을 살펴보았습니다. 이제 18-19절에 나오는 병행관계는 앞의 것과 비슷하지만 강조점을 아담의 행위와 그리스도의 행위 자체에 두고 있습니다. 18절에 의하면, 모든 사람이 정죄에 이르게 된 것은 한 사람의 범죄 때문이었고, 그리스도 안에 있는 모든 사람이 의롭다 함을 받고 생명에 이르게 된 것은 한 사람의 의로운 행위로 인한 것입니다. 아담의 범죄는 법을 지키는 데 실패한 것이었습니다. 그리스도의 의로운 행위는 법을 성취한 것이었습니다. 이것은 19절로 이어집니다. "한 사람이 순종하지 아니함(파라코에)으로 많은 사람이 죄인 된 것 같이 한 사람이 순종하심(휘파코에)으로 많은 사람이 의인이 되리라." 두 행위의 특성이 명백하게 대조되어 있습니다. 아담은 하나님의 뜻에 불순종함으로써 의에서 떨어져 나갔고, 그리스도는 하나님의 뜻에 순종함으로써 모든 의를 성취하셨습니다(비교 마 3:15; 빌 2:8).

이상의 아담과 그리스도 사이의 유비를 우리는 다음과 같이 간결하게 요약할 수 있습니다. 두 행위의 동기를 보면, 아담은 자기를 주장했던 데 반해 그리스도는 자신을 희생하셨습니다. 두 행위의 결과를 보면, 아담의 죄악된 행위는 정죄와 사망을 초래했던 데 반해 그리스도의 의로운 행위는 칭의와 생명을 초래했습니다. 그리고 두 행위의 특성을 보면, 아담은 법에 불순종했던 데 반해, 그리스도는 법에 순종하셨습니다.

따라서 우리가 정죄를 받느냐 아니면 의롭다 함을 받느냐, 우리가 영적으로 죽느냐 아니면 사느냐의 여부는 우리가 어느 인류에 속하느냐, 곧 아담으로 시작된 옛 인류에 속하느냐 아니면 그리스도로 시작된 새 인류에 속하느냐에 달려 있는 것입니다. 바꿔 말하면, 그것은 아담과 그리스도에 대해 우리가 어떤 관계를 맺느냐에 달려 있는 것입니다. 여기서 분명히 해야 할 점이 하나 있습니다. 모든 사람은 아담 안에 있는데, 그것은 우리가 아담 안에서 출생했기 때문입니다. 그러나 모든 사람이 그리스도 안에 있는 것은 아닙니다. 오직 믿음으로만 우리가 그리스도 안에 있을 수 있기 때문입니다. 우리는 아담 안에서 출생해 정죄를 받아 죽습니다. 그러나 믿음으로 그리스도 안에 있으면 우리는 의롭게 되어 살게 되는 것입니다.

결론적으로, 이로써 우리는 5장 앞부분에 진술된 의롭게 된 자들의 특권들로 되돌아가게 됩니다. 그러한 특권들은 예수 그리스도 안에서 그리고 그를 통해서만 우리의 것이 되기 때문입니다. 그래서 1절과 2절이 다음과 같이 선언했던 것입니다. "그러므로 우리가 믿음으로 의롭다 하심을 받았으니 우리 주 예수 그리스도로 말미암아 하나님과 화평을 누리자 또한 그로 말미암아 우리가 믿음으로 서 있는 이 은혜에 들어감을 얻었으며 하나님의 영광을 바라고 즐거워하느니라." 화평과 은혜, 그리고 영광. 의롭게 된 자들이 받은 이 세 가지 특권은 아담 안에 있는 자들에게 주어진 것이 아니라 오직 그리스도 안에 있는 자들에게만 주어진 것입니다.

2장

로마서 5:20-6:23
——
그리스도와의
연합

우리는 로마서 5장에서 하나님과의 화평-현재의 은혜와 내세의 영광 간의 연속적인 관계-이 그리스도인의 첫 번째 특권임을 발견했습니다. 6장에 명시된 두 번째 특권은 그리스도인을 거룩함으로 이끄는 그리스도와의 연합입니다.

로마서 6장, 특히 1-11절의 핵심 주제는 예수 그리스도의 죽으심과 부활이 역사적인 사실이자 중요한 교리일 뿐 아니라, 그리스도인이 개인적으로 체험할 수 있는 사건이라는 것입니다. 예수 그리스도의 죽으심과 부활은 우리 자신이 동참하게 된 사건입니다. 모든 그리스도인은 그리스도의 죽으심과 부활 안에서 그리스도와 연합했습니다. 나아가, 이것이 사실이라면, 즉 우리가 그리스도와 함께 죽고 그와 함께 부활했다면, 우리가 계속해서 죄 가운데 사는 것은 생각조차 할 수 없는 일입니다.

로마서 6장도 두 부분(1-14절과 15-23절)으로 구성되어 있습니다. 각 부분은 그리스도인에게 죄를 허락할 수 없다는 동일한 주제를 상세히 설명하고 있습니다. 그러나 두 부분에서 사용되고 있는 논증에는 약간의 차이가 있습니다. 1-14절은 그리스도와 우리의 연합에 대해 진술하고 있는 반면, 15-23절은 우리가 하나님의 종이라는 사실을 설명하고 있습니다. 이것이 그리스도인의 위치입니다. 우리는 그리스도와 하나가 되었고, 우리는 하나님의 종입니다. 성화를 지지하는 논증은 바로 이와 같은 이중적인 사실에 근거해 있습니다.

Ⅰ. 그리스도와 하나 됨(5:20-6:14)

[20] 율법이 들어온 것은 범죄를 더하게 하려 함이라 그러나 죄가 더한 곳에 은혜가 더욱 넘쳤나니 [21] 이는 죄가 사망 안에서 왕 노릇 한 것 같이 은혜도 또한 의로 말미암아 왕 노릇 하여 우리 주 예수 그리스도로 말미암아 영생에 이르게 하려 함이라 [6:1] 그런즉 우리가 무슨 말을 하리요 은혜를 더하게 하려고

죄에 거하겠느냐 2 그럴 수 없느니라 죄에 대하여 죽은 우리가
어찌 그 가운데 더 살리요 3 무릇 그리스도 예수와 합하여 세례
를 받은 우리는 그의 죽으심과 합하여 세례를 받은 줄을 알지
못하느냐 4 그러므로 우리가 그의 죽으심과 합하여 세례를 받
음으로 그와 함께 장사되었나니 이는 아버지의 영광으로 말미
암아 그리스도를 죽은 자 가운데서 살리심과 같이 우리로 또
한 새 생명 가운데서 행하게 하려 함이라 5 만일 우리가 그의
죽으심과 같은 모양으로 연합한 자가 되었으면 또한 그의 부
활과 같은 모양으로 연합한 자도 되리라 6 우리가 알거니와 우
리의 옛 사람이 예수와 함께 십자가에 못 박힌 것은 죄의 몸이
죽어 다시는 우리가 죄에게 종 노릇 하지 아니하려 함이니 7 이
는 죽은 자가 죄에서 벗어나 의롭다 하심을 얻었음이라 8 만일
우리가 그리스도와 함께 죽었으면 또한 그와 함께 살 줄을 믿
노니 9 이는 그리스도께서 죽은 자 가운데서 살아나셨으매 다
시 죽지 아니하시고 사망이 다시 그를 주장하지 못할 줄을 앎
이로라 10 그가 죽으심은 죄에 대하여 단번에 죽으심이요 그가
살아 계심은 하나님께 대하여 살아 계심이니 11 이와 같이 너
희도 너희 자신을 죄에 대하여는 죽은 자요 그리스도 예수 안
에서 하나님께 대하여는 살아 있는 자로 여길지어다 12 그러므
로 너희는 죄가 너희 죽을 몸을 지배하지 못하게 하여 몸의 사

욕에 순종하지 말고 ¹³또한 너희 지체를 불의의 무기로 죄에게 내주지 말고 오직 너희 자신을 죽은 자 가운데서 다시 살아난 자 같이 하나님께 드리며 너희 지체를 의의 무기로 하나님께 드리라 ¹⁴죄가 너희를 주장하지 못하리니 이는 너희가 법 아래에 있지 아니하고 은혜 아래에 있음이라

비판자들의 반론

바울은 로마서 6장을 다음의 두 가지 질문으로 시작합니다. "그러면 우리가 무슨 말을 하리요? 은혜를 더하게 하려고 죄에 거하겠느냐?" 이 질문의 배경을 이해하기 위해 우리는 5장 후반부, 특히 20-21절을 다시 한 번 살펴보아야 합니다. 바울은 이제까지 아담의 행위와 그리스도의 행위를 비교하고 대조시켰습니다. 아담과 그리스도 사이의 병행관계가 너무도 말끔해서 그의 구조 안에는 아담에서 그리스도 사이에 발생한 가장 중요한 사건, 곧 모세를 통해 율법을 주신 사건이 들어설 여지가 전혀 없는 것처럼 보입니다. 그래서 사도 바울은 12절에서 죄의 진입을 묘사한 후 20절에 이르러 율법의 진입을 묘사하고 있

는 것입니다(두 동사가 비슷합니다).

율법이 우리에게 주어진 이유는 무엇입니까? "율법이 들어온 것은 범죄를 더하게 하려 함이라"(20절). 율법의 효과가 죄를 들추어내고 심지어는 죄를 유발시키는 것이기 때문입니다(7:7-12절에 대한 강해를 참고하십시오). H. P. 리드돈(Liddon)이 말하듯이 "인류에게 사태가 호전되기 전에 사태가 악화되어야 했습니다."

이어서 사도 바울은 '그러나 죄가 더한 곳에 은혜가 더욱 넘쳤나니'라고 말합니다. 여기서 하나님이 의도하신 바는 그분의 은혜로운 통치가 완전히 실현되는 것이었습니다. 구약 시대에 죄가 모세의 율법을 통해 왕 노릇 하고 사망을 초래했듯이, 신약 시대에는 은혜가 그리스도의 의를 통해 왕 노릇 하고 영생을 초래하는 것이 하나님의 뜻이라는 말입니다(21절).

바울의 질문은 바로 이런 배경을 갖고 있습니다. 전에 죄를 증가시켰던 사건이 이제는 은혜를 증가시키는 결과를 가져왔다(5:20-21)는 사실이 지금도 여전히 해당되느냐 하는 의문을 불러일으킵니다. 즉, 다음과 같은 질문을 하게 만드는 것입니다. "나는 하나님의 은혜로 값없이 의롭다 함을 받았다. 비록 내가 다시 죄를 범한다 하더라도 나는 다시 은혜로 용서를 받을 것이다. 그리고 내가 죄를 지을수록 은혜는 내 죄를 용서하는 기회를 더 많이 줄 것이다. 그러니 은혜가 계속 넘치도록 내가 계속 죄 가운데 거해도 되지 않겠는가?"

지금 바울은, 은혜로 인하여 믿음으로 의롭다 함을 받게 된다는 기독교 복음에 대해 당대 사람들이 제기했던 반론 중 하나를 재진술하고 있는 것입니다. 그들은 값없는 은혜의 교리가 도덕률 폐기론(율법 무용론)을 낳고 우리의 도덕적 책임감을 약화시킬 뿐 아니라 죄를 더욱 조장하게 만든다고 주장합니다. 이처럼 바울 당시에 이런 이유들로 인해 바울이 전한 복음을 반대했던 이들이 있었습니다. 이와 같은 무지한 주장이 오늘날도 종종 제기되고 있습니다.

"만일 하나님이 우리를 받아 주시는 것이 우리의 공로와 상관없이 전적으로 하나님의 값없는 은혜에 의존해 있다면, 우리는 마음대로 살아도 되지 않는가? 하나님이 '경건하지 않은 자들을 의롭게' 하신다면—하나님은 실제로 그렇게 하실 뿐 아니라 그것을 기뻐하십니다 (4:5)—굳이 경건하게 살 필요가 없고, 오히려 거꾸로 살아도 되지 않는가?" 그래서 은혜에 의한 칭의 교리는 죄를 조장한다고 하는 것입니다. 이런 주장을 개진한 사람들이 분명히 있었습니다. 유다서의 저자는 그들을 "우리 하나님의 은혜를 도리어 방탕한 것으로 바꾸고 홀로 하나이신 주재 곧 우리 주 예수 그리스도를 부인하는 자들"이라고 부릅니다(4절).

이 주장에 대해 바울은 크게 분개하여 다음과 같이 응답합니다. "우리가 은혜를 더하게 하려고 죄에 거하겠느냐? 그럴 수 없느니라!"(6:1). 바울이 부인했던 것은 비판자들이 이의를 제기했던 칭의 교리 자체가 아니라 그 교리로부터 부당하게 끌어낸 추론이었음을 우리는 주목해야 합니다. 바울은 자기가 설파하는 값없는 구원의 복음을 부정하거나 철회하거나 또는 수정할 의사가 전혀 없습니다. 구원은 대가나 공로 없이 주어지는 값없는 선물입니다. 이 복음을 어떤 사람들은 거부할 수도 있고 또 실제로 거부했음에도 불구하고, 바울이 그것을 철회하지 않았다는 사실은, 바로 이것이 복음, 즉 참으로 좋은 소식임을 반증해 줍니다.

그러면 바울은 그러한 반대 의견에 대해 어떻게 대답합니까? 바울은 먼저 강한 부정문을 제시한 후 다른 질문으로 그들의 비판에 반박합니다. "죄에 대해 죽은 우리가 어찌 그 가운데 더 살리요?"(6:2) 바꾸어 말하면, 믿음으로 말미암는 칭의에 대한 비판자들의 반론에는 그 교리와 그리스도인이 된다는 것이 무엇을 의미하는지에 대한 근본적인 오해가 깔려 있다는 것입니다. 그리스도인의 삶은 죄에 대한 죽음으로 시작됩니다(우리는 죄에 대해 '죽는다'가 아니라 이미 '죽었다'). 이렇게 볼 때, 우리에게 죄 가운데 머물러 있을 자유가 있는지 묻는 것은 어처구니없는 질문입니다. 우리가 이미 죽은 것 속에 어떻게 계속 머물러 있을 수 있겠습니까?

개역표준역성경과 새영어성경은 이 문장을 마치 바울이 범죄의 불가능성을 주장하고 있는 것처럼, '어떻게 우리가 죄 속에 계속 머물 수 있는가?'라고 잘못 번역하고 있습니다. 이 단어의 헬라어 동사 시제는 단순미래형이기에 문자적으로 번역을 하면 이렇습니다. "우리는 죄에 대해 이미(과거) 죽었다. 그러니 어떻게 더 이상(미래) 그 가운데 살 수 있겠는가!" 여기서 사도 바울이 강조하고 있는 것은 범죄의 불가능성이 아니라 범죄의 도덕적인 모순성입니다. J. B. 필립스는 이 구절을 다음과 같이 잘 번역했습니다. "죄에 대해 죽은 우리가 어떻게 단 한순간이라도 죄 가운데 살 수 있겠습니까?"

그러나 더 중요한 질문은 이것입니다. "'죄에 대해 죽었다'는 말은 무슨 의미인가?" 물론 우리가 이미 죽은 것 가운데서는 더 이상 살 수 없습니다. 그런데 죄에 대해 죽었다는 것이 무슨 뜻입니까? 그것은 어떻게, 그리고 언제 일어났습니까? 사도 바울은 이 단락의 나머지 부분(3-14절)에서 이것을 설명합니다. 따라서 우리는 그가 단계별로 제시하는 탁월한 논증을 차근차근 고찰해 보도록 하겠습니다.

비판에 대한 바울의 반론

첫 번째 단계. **그리스도인이 받는 세례는 그리스도와 연합하는 세례다.** 사도 바울은 말합니다. "무릇 그리스도 예수와 합하여 세례를 받은 우리는 그의 죽으심과 합하여 세례를 받은 줄을 알지 못하느냐?"(3절) 그리스도인들이 자유로이 죄를 범해도 괜찮은지 여부를 묻는 것은 그리스도인이란 누구이며, 기독교 세례가 무엇인지에 대해 완전히 오해하고 있음을 드러내는 것입니다. 그리스도인은 단지 의롭게 된 신자만이 아닙니다. 그리스도인은 예수 그리스도와 인격적으로 하나가 된 사람입니다. 칭의를 우리의 생활과 상관없이 우리의 신분에만 영향을 주는 법적인 선언으로만 이해하면 안 됩니다. 우리는 (문자 그대로) '그리스도 안에서' 의롭게 되었습니다(갈 2:17). 그리스도와의 연합이 없이 그리스도를 통해 의롭게 되는 것은 불가능합니다. 즉 칭의는 그리스도와의 연합에 의존하는 것입니다.

그리고 세례는 그리스도와의 연합을 나타내는 표시입니다. 물론 세례는 죄 씻음과 성령의 선물 등 다른 의미도 지니고 있습니다. 그러나 세례는 본질적으로 그리스도와의 연합을 의미합니다. 신약성경에서 '세례를 주다'라는 동사는 '안에'(in)라는 전치사가 아니라 언제나 '안으로'(into)라는 전치사와 함께 쓰입니다. 부활하신 주님은 대위임령을 주실 때, 우리에게 '아버지와 아들과 성령의 이름 안으로'(과 합하는) 세례를 베풀라고 말씀하셨습니다. 사도행전은 사마리아와 에베소 지역의 성도들이 '주 예수의 이름 안으로' 세례를 받았다고 하고(8:16; 19:5), 갈라디아서도 '누구든지 그리스도와 합하여 세례를 받은 자는 그리스도로 옷 입은 것'(3:27)이라고 말하고 있습니다.

신약성경에서 세례는 언제나 극적인 성례로 나옵니다. 그것은 단지 하나님이 우리의 죄를 씻어 주신다거나 우리에게 성령을 주신다는 의미만이 아니라, 순전히 은혜로 말미암아 하나님이 우리를 예수 그리스도 '안으로' 들어가게 하심을 상징하는 것입니다. 이것이 세례를 통해 그 의미가 가시적으로 드러나는 그리스도인의 삶의 본질입니다. 물론 세례의 외적 의식 자체가 그리스도와 우리의 연합을 보증하는 것은 아닙니다. 결코 그렇지 않습니다! 사도 바울이 오직 믿음으로 의롭게 되라고 앞의 세 장에서 줄곧 주장하고는 이제 와서 세례를 구원의 수단이라고 주장해서 자가당착에 빠지는 것은 도무지 생각할 수 없습니다. 사도 바울은 자신의 사상을 일관되게 주장하고 있습니다. 그렇습니다. 바울이 '그리스도 예수와 합하여 세례를 받았다'라고 말한 것은, 믿음으로 말미암아 성취된 눈에 보이지 않는 그리스도와의 연합이 세례를 통해 가시화되었으며 외적으로 확증되었다는 의미입니다. 바울의 첫 번째 논점은, 그리스도인이 된다는 것은 개인적으로 그리스도와 동일시되는 것이고, 그분과의 연합은 세례를 통해 극적으로 가시화된다는 것입니다. 이것이 바로 바울이 펼친 논증의 첫 번째 단계입니다.

두 번째 단계. **그리스도와 연합한 세례는 그의 죽으심**

과 부활과 연합하는 세례다. 바울은 3-5절에서 이렇게 말합니다. "무릇 그리스도 예수와 합하여 세례를 받은 우리는 그의 죽으심과 합하여 세례를 받은 줄 알지 못하느냐? 그러므로 우리가 그의 죽으심과 합하여 세례를 받음으로 그와 함께 장사되었나니, 이는 아버지의 영광으로 말미암아 그리스도를 죽은 자 가운데서 살리심과 같이 우리로 또한 새 생명 가운데서 행하게 하려 함이라. 만일 우리가 그의 죽으심과 같은 모양으로 연합한 자가 되었으면 또한 그의 부활과 같은 모양으로 연합한 자도 되리라." 말하자면, '그리스도와 연합하는 세례는 그분의 죽으심과 부활과 연합하는 세례'라는 뜻입니다. 5절에 나오는 '되리라'는 동사는 그리스도와 함께한 우리의 죽음과 관련해서만 미래 시제로 사용된 것이고, 육체의 부활에 대한 언급은 여기에 없습니다.

이 구절들은 세례의 상징적인 의미를 언급하는 듯이 보입니다. 세례가 야외에서 베풀어질 경우, 세례를 받는 사람은 물속에 푹 잠겼다가 다시 나오는데-신체의 일부만 물에 담갔는지, 완전히 담갔는지의 여부는 중요하지 않습니다-이는 장례를 치르고 다시 살아난다는 의미입니다. 그의 세례는 그의 죽음, 그의 장례, 그의 새 생명으로

의 부활을 극적으로 표현한 것입니다. C. J. 본(Vaughan)은 다음과 같이 설명합니다. "우리가 받은 세례는 일종의 장례식이다." 그렇습니다. 세례는 일종의 장례식입니다. 또한 무덤으로부터의 부활입니다.

이것이 사도 바울이 사용한 논증의 두 번째 단계입니다. 그리스도인은 내적으로는 믿음으로, 외적으로는 세례로 그리스도의 죽으심과 부활에 연합했습니다. 우리는 자신이 막연하게 그리스도와 연합되어 있다고 생각해서는 안 됩니다. 우리는 그보다 더 구체적이어야 합니다. 우리가 이미 동일시되었고 우리와 하나가 된 예수 그리스도는 죽으셨다가 다시 살아나신 그 그리스도밖에 없습니다. 이처럼 우리는 좋든 싫든 그리스도와 연합하여 그의 죽음과 부활에 동참한 것입니다.

세 번째 단계. **그리스도의 죽으심은 죄에 대한 죽으심이며, 그의 부활은 하나님에 대한 부활이다.** 이 부분은 조금 난해합니다. "우리가 알거니와 우리의 옛 사람이 예수와 함께 십자가에 못 박힌 것은 죄의 몸이 죽어 다시는 우리가 죄에게 종 노릇 하지 아니하려 함이니 이는 죽은 자가 죄에서 벗어나 의롭다 하심을 얻었음이라 만일 우리가 그리스도와 함께 죽었으면 또한 그와 함께 살 줄을 믿노니 이는 그리스도께서 죽은 자 가운데서 살아나셨으매 다시 죽지 아니하시고 사망이 다시 그를 주장하지 못할 줄을 앎이로라 그가 죽으심은 죄에 대하여 단번에 죽으심이요 그가 살아 계심은 하나님께 대하여 살아 계심이니 이와 같이 너희도 너희 자신을 죄에 대하여는 죽은 자요 그리스도 예수 안에서 하나님께 대하여는 살아 있는 자로 여길지어다"(6-11절).

우리는 이 구절들을 매우 신중하게 다루어야 합니다. 10절은 우리가 연합하게 된 그리스도의 죽으심과 부활에 대해 우리가 어떻게 생각해야 하는지를 설명해 줍니다. 그리스도가 죄에 대해 죽었다는 것(10절)은 무슨 뜻이며, 그로 인해 우리가 그 안에서 죄에 대해 죽었다는 것(2, 11절)은 또 무슨 뜻일까요?

① 죄에 대해 죽었다는 말에 대한 그릇된 견해. 우리는 이 주제에 관해 오늘날 그리스도인들이 품고 있는 잘못된 견해를 먼저 살펴볼 필요가 있습니다. 6장에서 묘사한, 죄에 대한 죽음에 관한 어떤 견해는 성경적 근거가 별로 없을 뿐 아니라 사람들을 자기기만과 환멸, 심지어는 절망에 이르게 합니다. 그 견해는 다음과 같습니다. "당신이

육체적으로 죽을 때 당신의 모든 감각의 기능은 멎는다. 따라서 당신은 더 이상 어떤 것을 만질 수 없고, 맛볼 수 없으며, 보거나 냄새를 맡을 수도, 들을 수도 없다. 당신은 어떤 것을 느끼거나 자극에 반응할 수 있는 모든 능력을 상실하게 된다. 이렇듯 죄에 대해 죽는다는 것은, 죄에 대해 무감각해진다는 것이다. 시체가 신체적인 자극에 반응하지 않듯이 죄에 대해 반응하지 않게 되는 것이다."

이 대중적인 견해는 다음과 같은 예화를 듭니다. 생명이 있다는 징표 중 하나는 자극에 반응하는 능력이다. 당신이 길을 걷다가 개나 고양이가 길가에 누워 있는 것을 보았을 때, 그것이 살았는지 죽었는지는 보는 것만으로는 알 수 없다. 그것을 건드려 볼 때에라야 그것이 살았는지 죽었는지를 알 수 있다. 그것이 살아 있다면 자극에 반응하겠지만, 죽었다면 아무런 반응도 하지 않을 것이다. 이 견해에 의하면, 우리가 '죄에 대해 죽었다'는 사실은 죄에 대해 아무런 반응을 하지 않는다는 뜻입니다. 우리는 죽은 사람처럼 되어서 죄의 유혹이 올 때에 그것을 느끼지도 못하고 반응도 하지 않는다고 합니다. 우리는 죽은 상태입니다. 그 이유는 6절에서 언급한 것과 같이, 우리의 옛 본성이 어떤 신비로운 방법에 의해 실제로 십자가에 못 박혔기 때문이라고 합니다. 우리의 죄악뿐 아니라, 우리의 '육신', 곧 우리의 타락한 본성도 그리스도께서 짊어지셨습니다. 우리의 타락한 본성이 십자가에 못 박혀 죽었으니, 우리는 (아무리 많은 반증이 있어도) 그것을 죽었다고 간주해야 한다는 것입니다.

여기서 나는 이러한 견해를 표명하는 몇 개의 글을 인용해 보려고 합니다. J. B. 필립스가 이와 동일한 견해를 주장하고 있는 것 같습니다. 그는 "죽은 사람은 죄의 세력에 면역되어 있다"라고 말하며, "우리는 우리 자신을 이처럼 '죄의 매력과 세력에 대해 죽은' 자들로, 곧 그것에 반응하지 못하는 자들로 보아야 한다"라고 말합니다. C. J. 본도 다음과 같이 기술하고 있습니다. "죽은 사람은 죄를 범할 수 없다. 그리고 당신은 죽었다. … 죽은 사람이 그렇듯 그리스도인은 모든 죄에 무감각하고 무관심하며 흔들리지 말아야 한다." H. P. 리돈도 다음과 같이 말합니다. "죄에 대해 죽었다는 말은, 죽은 사람이 감각의 세계에 속한 대상에게 무감각하듯이 그리스도인들이 죄에 대해 무감각하게 되었다는 뜻이다."

이런 주장에도 불구하고, 우리는 이 견해에 대해 진지하고 결정적인 반론을 제기할 수 있습니다. 이 문제를 주의 깊게 살펴보면, 이것이 그리스도께서 죄에 대해 죽었다는 말의 뜻이 아니고, 우리가 죄에 대해 죽었다는 말의 의미도 아니라는 것을 알게 됩니다.

'죄에 대해 죽었다'는 말이 이 구절에서 세 번 등장한다는 사실은 매우 중요합니다. 이 어구는 그리스도인과 관련해서 두 번(2, 11절), 그리스도와 관련해 한 번(10절) 사용됩니다. 같은 문맥에서 반복되는 같은 말은 동일한 의미를 갖는다는 것이 성경 해석의 기본 원리입니다. 따라서 우리는 그리스도와 그리스도인들에게 모두 해당되는 '죄에 대한 죽음'에 대한 설명을 찾아야 합니다. 이 구절은 '그리스도가 죄에 대해 죽으셨다'고 말하고, '우리도 죄에 대해 죽었다'고 말합니다. 따라서 죄에 대한 죽음이 무엇을 의미하든지 그것은 주 예수와 우리에게 모두 해당되어야 합니다.

먼저 그리스도와 그의 죽으심에 대해 생각해 보겠습니다. "그의 죽으심은 죄에 대하여 단번에 죽으심이요"라는 10절의 말은 무슨 뜻입니까? 이것은 그리스도가 죄에 대해 반응을 보이지 않았다는 뜻으로 이해해서는 안 됩니다. 왜냐하면 이런 해석은, 그분이 전에는 죄에 대해 반응을 보였다는 것을 의미하기 때문입니다. 과연 우리 주 예수 그리스도는 한때는 죄에 대해 너무나 살아 있어서 나중에는 죽어야 할 필요가 있었습니까? 죄에 대해 계속 살아 있었기 때문에 단번에 결정적으로 죽어야 했습니까? 도무지 받아들일 수 없는 생각입니다.

그렇다면 우리가 죄에 대해 죽었다는 말은 어떻습니까? 우리의 옛 본성이 죄에 대해 둔감해졌다는 의미에서 우리가 죄에 대해 죽은 것일까요? 이 또한 그렇지 않습니다. 성경 해석의 또 다른 중요한 원리는 본문을 문맥에 따라 설명하고, 부분은 전체에 비추어 해석하며, 특수한 것은 일반적인 것에 비추어 해석해야 한다는 것입니다. 그래서 우리는 다음과 같은 질문을 던져야 됩니다. "그렇다면 성경은 일반적으로 우리의 옛 본성에 대해 어떻게 가르치는가?" 성경은 거듭난 신자들 안에서도 옛 본성이 여전히 활동하고 있다고 말합니다. 실제로 이 본문을 둘러싼 문맥도 이와 동일한 진리를 말하고 있습니다. 사도 바울은 12, 13절에서 이렇게 말합니다. "그러므로 너희는 죄가 너희 죽을 몸을 지배하지 못하게 하여 몸의 사욕에 순종하지 말고… 너희 지체를 죄에게 내주지 말라." 만일 우리가 이미 죄에 대해 죽었으므로 더 이상 죄에 대해 반응하지 못한다면 이것은 전적으로 불필요한 명령일 것입니다. 이것은 로마서의 다른 부분도 확증하는 바입니다. 8장 앞부분에서 바울은 우리에게 육신적인 것에 마음을 두지 말며 육신에 따라 행하지 말라고 권고합니다. 13장 14절에서는 정욕을 만족시키기 위해 육신의 일을 도모하지 말라고 말합니다. 만일 우리의 육신이 죽어 아무런 욕망도 갖고 있지 않다면, 이러한 권면은 이치에 맞지 않는 명령일 것입니다. 어떤 사람들은 그들이 세상의 유혹에 대해 '죽지' 않았다는 것은 인정하되 죄짓고 싶은 성향은 제거되어 '성화된 속성'을 갖고 있다고 주장하는데, 우리는 그들에게 이 구절들을 가르칠 필요가 있습니다. 육신의 정욕에 굴복하지 말라는 이런 교훈은 유혹이 세상과 마귀로부터만 오는 것이 아니라 우리의 육신으로부터도 온다는 것을 잘 보여 줍니다.

그뿐만 아니라, 그리스도인의 경험(즉, 내면으로부터)을 봐도 이 견해가 잘못된 것임을 알 수 있습니다. 우리는 사도 바울이 지금 특별한 경험을 했을지도 모를 소수의 예외적인 거룩한 그리스도인들에 대해 말하고 있는 것이 아님을 주목해야 합니다. 그는 지금 그리스도를 믿고 그와 연합하여 세례를 받은 모든 그리스도인들을 묘사하고 있습니다. "죄에 대하여 죽은 우리가 어찌 그 가운데 더 살리요? 무룻 그리스도 예수와 합하여 세례를 받은 우리는 그의 죽으심과 합하여 세례를 받은 줄을 알지 못하느냐?"(6:2-3)

따라서 죄에 대해 죽었다는 것은 모든 그리스도인에게 해당되는 것입니다. 그렇다면 죄에 대해 죽었다는 말은 세례를 받은 모든 신자가 내적으로 죄에 반응하지 않게 된다는 뜻일까요? 모든 그리스도인들이 죄에 대해 무감각해져서, 죄가 자신에게 아무런 영향을 미치지 않는다고 고백하고 있습니까? 아닙니다. 성경과 역사에 나오는 인물들과 우리의 경험은 그렇지 않다고 말하고 있습니다. 죄가 우리 내면에서 가만히 있기는커녕 우리의 타락하고 부패한 본성은 여전히 살아 있어서 발버둥치고 있습니다. 따라서 우리가 육신의 정욕을 따라 살지 말라는 권면을 받는 만큼 정욕을 극복하고 통제하도록 성령을 받은 것입니다. 죄에 대해 이미 죽었다면 그러한 권면이 왜 필요하겠습니까?

나아가 나는 여기에 한 가지를 덧붙이려고 합니다. (나도 한때 배워서 한동안 견지했던) 대중적인 견해가 갖고 있는 위험입니다. 그리스도인들이 스스로 아직 죄에 대해 죽지 않았다는 것을 알면서도 자신을 '죄에 대해 죽은' 자로 간주하려 할 때는 자신의 성경 해석과 자신의 경험 사이에서 괴로워하게 됩니다. 그 결과 하나님의 말씀을 의심하거나 자신의 해석을 견지하기 위해 자신의 경험을 왜곡하게 되는 것입니다.

그러면 이제는 이 대중적인 견해에 대한 반론을 요약해 보도록 하겠습니다. 그리스도는 죄에 대해 무감각해진다는 의미에서 죄에 대해 죽지 않으셨습니다. 그분은 죄에 대해 죽을 필요가 있을 만큼 죄에 대해 살아 있었던 적이 없기 때문입니다. 그리고 우리도 그런 의미에서 죄에 대해 죽지 않았습니다. 여전히 죄에 대해 살아 있기 때문입니다. 오히려 우리는 죄를 '죽이라'는 명령을 듣고 있는데, 이미 죽은 것을 당신이 어떻게 죽일 수 있습니까? 나의 의도는 다른 신자들의 견해를 공격하는 게 아니라 신앙생활의 새로운 차원을 노출시키고 새로운 자유에 이르는 길을 닦기 위함입니다.

② 죄에 대해 죽었다는 말의 참된 의미. 그렇다면 그리스도께서 죄에 대해 죽으셨고, 우리도 그리스도 안에서 '죄에 대해 죽었다'는 말씀의 의미는 무엇일까요? 우리는 그리스도와 모든 그리스도인에게 참으로 적용되는 방식으로 이 말씀을 어떻게 해석해야 할까요? 이에 대한 답은 가까이 있습니다.

이 모든 오해는 유추에 근거한 논증의 큰 위험성을 우리에게 잘 보여 줍니다. 유추를 접할 때마다 우리는 어떤 점이 유사한지를 주의 깊게 살펴보아야 하며, 모든 점에서 유사하다는 식으로 억지로 해석해서는 안 됩니다. 예를 들어, 예수님이 우리에게 어린아이와 같이 되라고 하신 말씀은 어린아이의 모든 특징(무지, 변덕, 고집, 죄 등)을 나타내라는 것이 아니라, 오직 한 가지 특징, 즉 겸손한 의존을 배우라는 의미입니다. 이와 마찬가지로, '죄에 대해 죽었다'는 말은 자극에 대한 무감각을 포함해 죽은 사람의 모든 특징이 그리스도인의 것이라는 의미가 아닙니다. 따라서 우리는 이렇게 질문해야 합니다. "이 말씀은 어떤 점에서 유비를 사용하고 있는가? 이 문맥에서 '죽음'의 뜻은 무엇인가?"

만일 우리가 이러한 질문에 대한 답을 유비에서보다는 성경에서 찾고, 죽은 사람들의 속성에서보다는 죽음에 대한 성경의 가르침에서 찾으려 한다면, 우리는 어렵지 않게 해답을 얻을 수 있습니다. 성경에서 죽음은 보통 육체적인 견지보다는 도덕적이고 율법적인 견지에서 묘사되어 있습니다. 즉, 죽음은 시체처럼 아무런 움직임도 없이 누워 있는 상태가 아니라, 죄에 대한 정당한 형벌이라고 말합니다. 성경에서 죄와 죽음을 함께 거론하는 경우에는 언제나 죽음은 죄의 대가라는 본질적인 관계를 보여 줍니다. 이것이 하나님이 '네가 먹는 날에는 정녕 죽으리라'고 말씀하신 창세기 2장부터 '둘째 사망'이라고 불리는 죄인들의 끔찍한 운명이 언급되어 있는 계시록 마지막 장에 이르기까지, 성경 전체에 걸쳐 나오는 죽음의 의미입니다. 죄와 죽음은 성경에서 하나의 불법과 그에 대한 정당한 대가로 연결되어 있습니다. 이는 로마서에도 해당됩니다. 로마서 1장 32절은 죄를 범하는 자들은 '죽어야 마땅하다'는 하나님의 법도를 언급하고 있으며, 6장 마지막 구절도 '죄의 삯은 사망'이라고 말합니다(23절). 이것이 바로 성경이 말하는 죽는 것과 죽음의 의미입니다. 그리고 이것이 그리스도와 그리스도인들에게 해당되는 죽음의 의미인 것입니다.

그러면 먼저 그리스도의 죽으심에 대해 생각해 보겠습니다. "그의 죽으심은 죄에 대하여 단번에 죽으심이요"(10절). 이것이 의미하는 바는 무엇일까요? 그리스도께서 죄의 형벌을 짊어졌다는 의미에서 죄에 대해 죽으셨다는 것입니다. 그분은 무죄하고, 거룩한 인격으로 우리의 죄를 짊어짐으로 우리의 죄 때문에 죽으셨습니다. 스스로 우리의 죄와 그에 대한 정당한 형벌을 짊어지신 것입니다. 그 결과, 죄는 더 이상 그분에게 무엇을 주장하거나 요구할 수 없게 되었습니다. 그래서 그분은 그의 대속이 충분함을 입증하기 위해 부활하셨고 지금도 영원히 하나님에 대해 살아계십니다.

이것이 그리스도께서 죄에 대해 죽으셨다는 말의 의미라면, 이것은 그리스도와 연합한 우리가 죄에 대해 죽었다는 말의 의미이기도 합니다. 그리스도 안에서 우리가 죄의 형벌을 치렀다는 의미에서 우리도 죄에 대해 죽은 것입니다. 그 결과로 우리의 옛 생활이 끝나고 새 생활이 시작된 것입니다.

어떤 이들은, 우리는 우리의 죄를 위해 죽을 수 없고, 그것은 그리스도만이 이루었던 일이기 때문에, 그리스도 안에서 우리가 우리 죄의 형벌을 짊어진다고 말하면 안 된다고 반론을 제기합니다. 그렇게 말하는 것은 행위로 의롭게 된다는 주장을 우회적으로 펴는 것이라는 말도 내가 들었습니다. 그렇지 않습니다. 물론 죄를 지고 희생 제물이 되는 것은 전적으로 그리스도의 유일무이한 사역이며, 우리는 결코 그 제사에 동참할 수 없습니다. 그러나 우리는 그리스도와 연합함으로써 그 사역이 주는 유익을 함께 누릴 수 있고, 실제로 함께 누리고 있습니다. 그렇기 때문에 신약성경은 그리스도가 우리를 위해 죽으셨다고 말할 뿐 아니라, 우리가 그리스도 안에서 죽었다고 말함으로써 이 진리를 분명히 선언합니다. 고린도후서 5장 14-15절에서 바울이 말하듯이 "한 사람이 모든 사람을 대신하여 죽었은즉 모든 사람이 (그 안에서) 죽은" 것입니다.

우리의 죽음에 대해 말하는 6절로 돌아가 보겠습니다. "우리가 알거니와 우리의 옛 사람이 예수와 함께 십자가에 못 박힌 것은 죄의 몸이 죽어 다시는 우리가 죄에게 종노릇 하지 아니하려 함이니"(6절). 이 구절은 세 부분으로 구성되어 있습니다. 어떤 일이 일어났는데, 그것은 다른 어떤 일을 위해 일어났으며, 그 다른 일은 또 다른 일을 위해 일어났다고 합니다. 첫째, 우리는 우리의 옛 사람이 그분과 함께 십자가에 못 박혔음을 안다. 둘째, 그것은 죄의 몸을 멸하기 위한 것이다. 셋째, 그것은 우리로 더 이상 죄의 종이 되지 않도록 하기 위한 것이다. 이렇듯 여기에는 명백한 세 단계가 있습니다.

최종적인 단계는 매우 분명합니다. '우리로 더 이상 죄의 노예가 되지 않게 하려'는 것입니다! 죄의 굴레와 속박으로부터 해방되는 것, 이것이 분명 우리의 소원입니다.

그러면 이 죄로부터의 구원은 어떻게 일어날까요? 이를 위해서 우리는 앞의 두 단계를 다시 살펴보아야 합니다. 첫 번째 단계는 옛 사람이 십자가에 못 박힌 것으로, 두 번째 단계는 죄의 몸이 멸하는 것으로 언급되어 있는데, 두 번째 단계는 첫 번째 단계에 의존합니다. 우리의 옛 사람이 십자가에 못 박힌 것은 죄의 몸을 멸하기 위해서이고, 이는 우리가 더 이상 죄의 종이 되지 않게 하기 위해서라고 말합니다. 바울의 논리를 제대로 이해하기 위해 우리가 이 세 단계를 역순으로 살펴보는 것도 좋습니다.

먼저, 죄의 몸을 멸하는 것에 대해 살펴보겠습니다. 여기서 '죄의 몸' 또는 '죄악된 몸'은 인간의 육체가 아닙니다. 인간의 몸 자체는 죄악된 것이 아닙니다. 여기서 말하는 '죄의 몸'은 육체에 속한 죄악된 본성을 의미합니다(12절). 새영어성경은 이를, '죄악된 자아'라고 번역했습니다. 이 구절에 의하면, 우리가 더 이상 죄의 종이 되지 않도록 죄악된 자아를 '멸하는 것'이 하나님의 목적입니다. '멸하다'는 뜻의 헬라어 '카타르게오'는 히브리서 2장 14절에는 마귀와 관련해 다시 나옵니다. 이 단어는 사멸이 아니라 패배를, 멸절이 아니라 무력화됨을 의미합니다. 우리의 옛 본성은 마귀와 마찬가지로 멸절되는 것이 아닙니다.

이 양자의 지배력이 무력화되는 것이 하나님의 뜻입니다. 사실 죄악된 본성은 이미 십자가에서 일어난 일로 전복되었으며, 이것이 6절의 앞부분에 묘사되어 있습니다.

이것이 우리의 '옛 사람' 또는 '옛 자아'가 십자가에 못 박혔다는 말의 의미입니다. 그러면 '옛 자아'란 무엇일까요? 그것은 옛 본성이 아닙니다. '죄의 몸'이 옛 본성을 의미한다면, 어떻게 옛 자아가 옛 본성을 의미할 수 있겠습니까? 이 두 표현은 결코 같은 것을 의미할 수 없습니다. 그렇지 않다면 6절은 도무지 말이 되지 않기 때문입니다. '옛 자아'는 우리의 옛 본성이 아니라 거듭나지 않은 우리의 옛 생활, '이전의 모습'(NEB)을 의미합니다. 나의 저급한 자아가 아니라 예전의 자아를 가리킵니다. 그러므로 그리스도와 함께 십자가에 못 박힌 것은 나의 옛 본성, 즉 나의 일부가 아니라 거듭나기 전의 나의 전부입니다. 이것이 올바른 해석임은 '우리 옛 사람이 십자가에 못 박혔다'(6절)는 말이 '죄에 대하여 죽은 우리'(2절)라는 말과 동일한 것을 말하고 있기 때문입니다.

6절을 오해하는 이유 가운데 하나는 바울이 '십자가에 못 박히다'는 동사를 사용했기 때문입니다. 많은 사람들이 이 말을 갈라디아서 5장 24절과 관련시키는데, 그 구절에서 바울은 '그리스도 예수의 사람들'이 '그 정욕과 탐심을 십자가에 못 박았느니라'라고 말합니다. 이 두 구절을 연결시키면, 로마서 6장 6절에서 바울이 '육신' 또는 옛 본성이 십자가에 못 박혔다고 말하는 것처럼 들립니다. 그러나 이 두 구절은 전혀 다릅니다. 로마서 6장 6절은 우리에게 일어난 어떤 일(우리의 옛 사람이 예수와 함께 십자가에 못 박힌 것)을 묘사하고 있는 반면, 갈라디아서 5장 24절은 우리 자신이 행한 어떤 일(우리의 육신을 십자가에 못 박은 것)을 언급하고 있기 때문입니다. 사실상, 신약성경은 성결에 관련된 그리스도인의 영적인 죽음을 두 가지 별개의 방식으로 말하고 있습니다. 하나는 죄에 대해 죽는 것이고, 다른 하나는 자아에 대해 죽는 것입니다. 죄에 대한 죽음은 그리스도와 동일시됨으로써 이뤄지고, 자아에 대한 죽음은 그리스도를 본받음으로써 이뤄집니다. 첫째, 우리는 그리스도와 함께 이미 십자가에 못 박혔습니다. 그러나 우리는 육체와 함께 그 정욕과 탐심을 결정적으로 십자가에 못 박았을 뿐 아니라, 날마다 우리 십자가를 지고 예수님을 따라 십자가에 못 박히려고 갑니다(눅 9:23). 첫 번째는 법적인 죽음, 즉 죄의 형벌에 대한 죽음을 뜻합니다. 두 번째는 도덕적 죽음, 즉 죄의 권세에 대한 죽음을 뜻합니다. 전자는 과거에 속한 것으로 유일한 것이어서 결코 반복될 수 없고, 후자는 현재에 속한 것으로 지속적이어서 반복될 수 있습니다. 즉, 나는 (그리스도처럼) 날마다 자아에 대해 죽습니다. 로마서 6장은 이 두 죽음 가운데 첫 번째 죽음에 초점을 맞추고 있습니다.

우리는 이제 6절의 세 단계를 원래의 순서에 따라 다음과 같이 정리할 수 있습니다. 첫째, 우리의 옛 자아는 그리스도와 함께 십자가에 못 박혔다. 즉, 우리는 그리스도와 함께 십자가에 못 박혔다. 우리는 믿음과 세례로 그분과 동일시되었으므로 죄에 대한 그분의 죽으심에도 동참했다. 둘째, 그것은 우리의 죄악된 본성이 그 능력을 상실하게 하기 위해서다. 그리고 이러한 일들은 셋째, 우리가 더 이상 죄의 노예가 되지 않게 하려는 것이다.

따라서 이제 우리는, 그리스도와 함께 십자가에 못 박혔다는 사실이 어떻게 옛 본성을 이기게 해서 죄의 속박에서 벗어나게 해 주는지 물어보게 됩니다. 이에 대한 답을 7절에서 얻을 수 있습니다. '죽은 자가 죄로부터 의롭다 하심을 얻었기' 때문입니다. 그런데 흠정역성경(AV)과 개정표준역성경(RSV)은 7절의 '데디카이오타이'라는 헬라어를 '자유롭게 되었다'라고 잘못 번역했습니다. 이 동사는 신약성경에 25회, 그중에서도 로마서에 15회 나오는데, 언제나 '의롭다 하심을 얻다'라는 의미로 사용되고 있습니다.

죄로부터 의롭다 함을 얻을 수 있는 유일한 방법은 죄의 대가를 치르는 것입니다. 죄에 대한 형벌을 받는 것 외에 그로부터 벗어날 수 있는 방법은 없습니다. 우리나라에서 유죄 판결을 받고 형기를 선고받은 사람은 어떻게 의롭다 함을 받을 수 있을까요? 방법은 단 하나, 감옥에 가서 죄에 대한 벌을 받는 것뿐입니다. 일단 형기를 채우면 의롭게 되어 감옥을 떠날 수 있고, 더 이상 경찰이나 법이나 판사를 두려워하지 않고 살 수 있습니다. 그 사람은 법을 어긴 것에 대한 형벌을 이미 받았기 때문에, 법은 더 이상 그 사람에 대해 구속력을 갖지 못합니다. 그 사람은 형기를 채웠기에 자신의 죄로부터 의롭다 함을 얻은 것입니다.

죄에 대한 형벌이 죽음이라 하더라도 동일한 원리가 적용됩니다. 벌을 받는 것 외에는 피할 길이나 의롭게 되는 방법이 없습니다. 물론 이 경우에는 그 형벌이 피할 길이 될 수 없다고 당신이 말할지 모르겠습니다. 우리가 세상에서 행해지는 사형에 관해 말하고 있다면 당신의 말이 옳습니다. (사형제도를 아직도 시행하는 나라에서) 살인자가 일단 사형되면 이 땅에서의 그 사람의 생명은 끝나는 것이기 때문에, 의로운 상태로 다시 살 수는 없습니다. 그러나 우리 그리스도인이 받은 칭의의 놀라운 점은, 우리 죄에 대해 (그리스도 안에서) 죽음의 형벌을 치른 후 의롭다 함을 받은 사람으로 부활의 삶을 살 수 있다는 것입니다.

그렇습니다. 우리는 죄로 인해 죽어야 마땅한 자들이었습니다. 우리는 그리스도와 연합하여 죽었습니다. 그러나 우리가 직접 죽은 게 아니라 (그것은 영원한 죽음이었을 텐데) 믿음과 세례로 우리와 하나가 된 우리의 대속자인 그리스도 안에서 죽은 것입니다. 그리고 바로 그 그리스도와 하나가 됨으로써 우리는 의롭게 된 죄인의 삶, 전적으로 새로운 삶을 살게 되었습니다. 옛 생활은 끝났습니다. 우리는 그것에 대해 죽었습니다. 형벌을 이미 치렀습니다. 이제 의롭게 된 상태로 다시 일어났습니다. 그리스도와 함께 죽었고 부활한 것입니다. 율법이 더 이상 우리를 건드릴 수 없는 것은 죄에 대한 벌이 치러졌기 때문입니다.

우리는 이 점을 염두에 두면서 7-11절로 넘어갈 수 있습니다. "이는 죽은 자가 죄에서 벗어나 의롭다 하심을 얻었음이라 만일 우리가 그리스도와 함께 죽었으면 또한 그와 함께 살 줄을 믿노니 이는 그리스도께서 죽은 자 가운데서 살아나셨으매 다시 죽지 아니하시고 사망이 다시 그를 주장하지 못할 줄을 앎이로라 그가 죽으심은 죄에 대하여 단번에 죽으심이요 그가 살아 계심은 하나님께 대하여 살아 계심이니 이와 같이 너희도 너희 자신을 죄에 대하여는 죽은 자요 그리스도 예수 안에서 하나님께 대하여는 살아 있는 자로 여길지어다"(7-11).

이제 나는 예화를 들어 설명하려고 합니다. 나이 지긋한 존이라는 그리스도인이 자신의 생애를 돌아보는 모습을 상상해 보십시오. 그의 인생은 회심을 기점으로 둘로 나뉠 수 있습니다. 회심 이전의 존(옛 자아)과 회심 이후의 존(새로운 자아)으로 말입니다. 옛 자아와 새로운 자아(또는 '옛 사람'과 '새 사람')는 존의 두 본성이 아닙니다. 새로운 탄생에 의해 나눠진 인생의 두 부분입니다. 존은 회심할 때(그 표시가 세례이다) 옛 자아가 그리스도와 연합하여 죽었고 그의 죄의 형벌이 치러졌습니다. 동시에 존은 그리스도와 함께 다시 살아나서 새로운 사람으로 하나님께 대하여 새로운 삶을 살게 되었습니다. 존은 모든 신자를 상징합니다. 우리가 그리스도 안에 있다면, 우리가 바로 존입니다.

우리의 옛 자아는 그리스도와 함께 십자가에 못 박혔습니다. 우리는 믿음과 세례로 그리스도와 연합하여 그의 죽음에 동참했던 것입니다. 그분의 죄에 대한 죽음이 우리의 죽음이 되었습니다. 그 유익이 우리에게 전가되었습니다. 그래서 우리는 그리스도와 함께 죄에 대해 죽었은즉 죄로부터 의롭게 된 것입니다(7절). 그리고 우리는 그리스도와 함께 다시 살아나서 하나님께 대해 살아 있는 자가 되었습니다(8-9절). 우리의 옛 삶은 마땅히 치러야 했던 죽음과 함께 끝나 버렸습니다. 그리고 우리의 새로운 삶은 부활과 더불어 시작되었습니다. 그리스도는 모든 사람을 위해 죄에 대해 단번에 죽으셨고, 지금은 계속 하나님에 대해 살아 계십니다(10절). 그런즉 그리스도와 하나가 된 우리는 우리도 죄에 대해 죽었고 하나님에 대해 살아 있음을 알아야 합니다.

네 번째 단계. **우리는 죄에 대하여는 죽은 자요, 하나님에 대하여는 산 자로 여겨야 한다.** 이를 우리는 다음과 같이 말할 수 있습니다. "그리스도의 죽음이 죄에 대한 죽음이었고, 그의 부활이 하나님에 대한 부활이었다면, 그리고 믿음과 세례를 통해 우리가 그리스도의 죽으심과 부활 안에서 그분과 하나가 되었다면, 우리는 죄에 대하여 죽었고 하나님에 대하여 다시 살아난 것이다. 그리고 우리는 그렇게 간주해야 한다. 따라서 우리는 자신을 '죄에 대하여는 죽은 자'요, 그리스도 예수 안에서 (그분과의 연합을 통해서) '하나님에 대하여 산 자'로 여겨야 한다"(11절).

여기서 '간주한다'는 것은 그런 체한다는 것이 아닙니다. 그것은 우리가 실제로는 믿지 않는 것을 용기를 내어 믿는 것이 아닙니다. 우리의 옛 본성이 죽지 않은 것을 잘 알면서도 죽은 체해서는 안 됩니다. 오히려 우리는 우리의 옛 자아가 죽었다는 것, 그 죄의 형벌을 다 치렀고 그 경력이 끝났다는 것을 알아야 합니다. 그래서 바울은 당신 스스로를 죄에 대해 죽었고 하나님에 대해 살아 있는 것으로 간주하라고 말하는 것입니다. 일단 우리가 우리의 옛 생활이 끝났다는 것―셈을 치렀고, 빚을 갚았고, 율법을 충족시켰다는 것―을 알면 더 이상 그것과 관계를 맺고 싶지 않을 것입니다.

이렇게 생각해 보면 조금 더 도움이 될지도 모르겠습니다. 우리가 전기를 두 권으로 나눠 쓴다고 상상해 보십시오. 상권에는 옛 사람, 곧 옛 자아, 회심 이전의 나에 관한 이야기를, 하권에는 새 사람, 새 자아, 곧 그리스도 안에서 새로운 피조물이 된 나에 관한 이야기를 쓴다고 말입니다. 상권은 옛 자아의 사법적인 죽음으로 끝났습니다. 나는 죄인이라 죽어야 마땅했습니다. 나는 실제로 죽었습니다. 나는 나와 하나가 된 그리스도와 함께 응분의 대가를 치르고 죽었습니다. 하권은 나의 부활과 함께 시작했습니다. 나의 옛 생활이 끝났고 하나님에 대한 새로운 삶이 시작되었습니다.

우리는 이렇게 '여기라'라는 말씀을 받았습니다. 그런 체하는 게 아니라 그것을 깨달으라는 것입니다. 이것은 엄연한 사실입니다. 우리는 이 사실을 꼭 붙잡아야 합니다. 우리는 이 진리에 대해 깊이 생각해야 하며, 이 진리를 제대로 이해할 때까지 묵상해야 합니다. 우리는 부단히 우리 자신에게 다음과 같이 말해야 합니다. "상권은 이미 끝났다. 지금 나는 하권의 삶을 살고 있다. 상권을 다시 연다는 것은 생각할 수 없는 일이다. 불가능하진 않지만 도무지 생각할 수 없는 일이다."

결혼한 여인이 여전히 독신인 것처럼 살 수 있을까요? 그럴 수도 있습니다. 전혀 불가능한 일은 아닙니다. 하지만 그녀가 자신이 누구인지를 기억한다면 어떻게 될까요? 남편과 결합한 새로운 삶을 상징하는 반지를 만져 본다면, 그 여자는 그것에 합당한 삶을 살고 싶을 것입니다. 거듭난 그리스도인이 아직도 죄 가운데 있는 것처럼 살 수 있을까요? 잠깐 동안은 그럴 수도 있을 것입니다. 불가능한 일이 아닙니다. 그러나 자신이 누구인지를 기억한다면 어떻게 될까요? 그가 그리스도와 연합된 새로운 삶을 상징하는 세례를 기억한다면, 그는 그에 합당한 삶을 살고 싶을 것입니다.

우리는 우리 자신이 누구이며 어떠한 신분을 가진 사람인지를 끊임없이 상기할 필요가 있습니다. 사단이 우리 귀에 "계속해서 죄를 지어라. 그래도 하나님이 너를 용서해 주실 것이다"라고 속삭일 때, 하나님의 은혜에 기대어 죄에 머물러 있고 싶은 유혹을 받을 때, 우리는 사단에게 2절의 말씀으로 응수해야 합니다. "사단아, 어림도 없는 소리다. 나는 죄에 대하여 이미 죽었다. 그런데 어떻게 그 안에서 살 수 있겠느냐! 상권의 삶은 끝났다. 나는 지금 하권의 삶을 사는 중이다." 바꿔 말해, 사도 바울은 그리스도인이 다시는 죄를 지을 수 없다고 말하는 것이 아니라, 그들에게 그런 삶이 전혀 어울리지 않는다고 말하고 있는 것입니다. 바울은 깜짝 놀라서 이렇게 되묻습니다. "죄에 대하여 죽은 우리가 어찌 그 가운데 살리요?" 죄에 대하여 죽었다는 것과 그 가운데서 산다는 것은 논리적으로 양립할 수 없기 때문입니다.

따라서 거룩한 삶의 비결은 우리의 마음에 있는 것입니다. 그것은 우리의 옛 자아가 그리스도와 함께 십자가에 못 박혔음을 아는 것(6절)과 그리스도와 합하는 세례가 그의 죽으심과 부활에 연합하는 세례임을 아는 것이며(3절), 그리스도 안에서 우리가 죄에 대하여는 죽고 하나님에 대하여는 산 자임을 지적으로 알고, 그렇게 여기는 데(11절) 달려 있습니다. 우리는 이 진리들을 알고 묵상해야 합니다. 우리는 이러한 진리들을 마음에 깊이 새겨서 옛 생활로 돌아가는 것은 생각할 수도 없는 일임을 알아야 합니다. 어른이 어린아이 시절로, 결혼한 사람이 독신 시절로, 석방된 죄수가 수감 시절로 되돌아가서는 안 되는 것처럼, 거듭난 그리스도인들은 옛 생활로 돌아가려고 해서는 안 됩니다.

우리의 신분은 예수 그리스도와의 연합으로 완전히 변했습니다. 우리의 믿음과 세례가 우리를 옛 생활로부터 철저하게 단절시키고, 새로운 삶에 헌신할 수 있도록 만들었습니다. 이 두 종류의 삶 중간에 우리가 받은 세례가 있습니다. 마치 두 방 사이에 문이 있어 한 방문을 닫고, 다른 한 방문을 여는 것과 마찬가지로 말입니다. 우리는 이미 죽었으며, 또한 다시 살아났습니다. 우리가 이미 죄에 대해 죽었는데 어떻게 그 안에 다시 살 수 있단 말입니까!

 다섯 번째 단계. **죽은 자 가운데서 다시 산 자로서 우리는 죄가 우리를 다스리지 못하게 하고, 온전히 우리 자신을 하나님께 드려야 한다.** 12-14절에는 부정적인 명령과 긍정적인 명령이 서로 대조되어 있습니다. 먼저 부정적인 명령, 즉 "그러므로 너희는 죄로 너희 죽을 몸을 지배하지 못하게 하여 몸의 사욕에 순종하지 말고"(12절)와 "너희 지체를 불의의 무기로 죄에게 내주지 말고"(13절)라는 말씀부터 생각해 보겠습니다. 이 말씀은 '죄가 너희를 지배하지 못하게 하고, 죄가 불의한 목적을 촉진하는 데 너희[너희 지체]를 사용하지 못하게 하라. 죄가 너희의 왕, 곧 주가 되어 다스리지 못하게 하라'는 뜻입니다. 다음은 긍정적인 명령입니다. "오직 너희 자신을 죽은 자 가운데서 다시 산 자 같이 하나님께 드리라"(13절 하). 당신은 죄의 형벌을 다 치렀고 죄에 대해 죽었습니다. 당신은 죽은 자 가운데서 다시 살아났습니다. 이제는 "오직 너희 자신을 죽은 자 가운데서 다시 살아난 자 같이 하나님께 드리며 너희 지체를 의의 무기로 하나님께 드려야"합니다. 이 말씀은 오직 하나님만이 너를 다스리는 왕이 되게 하고, 하나님의 목적을 위해 너 자신을 사용하라는 것입니다. 왜 그래야 할까요? 이러한 명령의 근거는 무엇일까요? 자신을 죄에 드리지 않고 하나님께 드려야 하는 이유는 무엇일까요? 그 이유는 매우 분명합니다. 우리가 죽은 자 가운데서 다시 살아났기 때문입니다. 우리는 죄에 대해 죽었고 하나님에 대해 다시 살아났습니다. 그래서 우리 자신을 죄에 드릴 수 없고 하나님께 드려야 하는 것입니다. 이제 도무지 반박할 수 없는 바울의 논리를 보게 됩니다. 우리는 죽음으로부터 살아났기 때문에 죄악의 지배를 받아서는 안 되며, 죄는 더 이상 우리를 지배할 권리가 없습니다. 우리는 이제 '법 아래 있지 아니하고 은혜 아래 있기' 때문입니다(14절). 하나님이 은혜로 우리를 그리스도 안에서 의롭게 하셨고 우리의 죄의 대가를 대신 치르셨습니다. 그리고 율법의 요구를 충족시켰습니다. 우리는 그것들의 압제에서 해방되었습니다. 우리가 편을 바꾼 것입니다. 이제 우리는 새로운 신분을 받았습니다. 우리는 더 이상 율법의 포로가 아니며 하나님의 은혜 아래 있는 하나님의 자녀입니다.

우리가 율법 아래 있지 않고 은혜 아래 있다는 사실을 아는 지식은, 은혜가 더욱 넘치도록 우리로 계속 죄에 거하게 하기는커녕 세상과 육신과 마귀로부터 멀어지게 만들어 줍니다. 우리는 은혜로 말미암아 우리 인생의 하권을 열었기 때문에 상권을 다시 열 수는 없습니다. 은혜로 말미암아 죽은 자 가운데서 다시 살아났기 때문에 이미 죽은 옛 삶으로 돌아갈 수 없는 것입니다.

II. 하나님의 종(6:15-23)

15 그런즉 어찌하리요 우리가 법 아래에 있지 아니하고 은혜 아래에 있으니 죄를 지으리요 그럴 수 없느니라 16 너희 자신을 종으로 내주어 누구에게 순종하든지 그 순종함을 받는 자의 종이 되는 줄을 너희가 알지 못하느냐 또는 죄의 종으로 사망에 이르고 또는 순종의 종으로 의에 이르느니라 17 하나님께 감사하리로다 너희가 본래 죄의 종이더니 너희에게 전하여 준바 교훈의 본을 마음으로 순종하여 18 죄로부터 해방되어 의에게 종이 되었느니라 19 너희 육신이 연약하므로 내가 사람의 예대로 말하노니 전에 너희가 너희 지체를 부정과 불법에 내주

어 불법에 이른 것 같이 이제는 너희 지체를 의에게 종으로 내주어 거룩함에 이르라 ²⁰너희가 죄의 종이 되었을 때에는 의에 대하여 자유로웠느니라 ²¹너희가 그 때에 무슨 열매를 얻었느냐 이제는 너희가 그 일을 부끄러워하나니 이는 그 마지막이 사망임이라 ²²그러나 이제는 너희가 죄로부터 해방되고 하나님께 종이 되어 거룩함에 이르는 열매를 맺었으니 그 마지막은 영생이라 ²³죄의 삯은 사망이요 하나님의 은사는 그리스도 예수 우리 주 안에 있는 영생이니라

6장 후반부인 15-23절은 전반부보다는 이해하기가 쉽습니다. 여기서 바울은 그리스도와 우리의 연합이 아니라 하나님의 종이 된 우리의 신분에 대해 다룹니다. 이번 구절들이 6장의 처음 부분과 정확히 같은 방식으로 시작하고 있음을 주목할 필요가 있습니다. "그런즉 어찌하리요? 우리가 법 아래에 있지 아니하고 은혜 아래에 있으니 죄를 지으리요?"(15절) 이것은 1절의 질문과 똑같습니다. "그런즉 우리가 무슨 말 하리요? 은혜를 더하게 하려고 죄에 거하겠느냐?" 이 질문에 대한 대답은 2절과 15절에 나오는 "그럴 수 없느니라", 즉 강한 부정입니다. 이어서

부정적인 답변을 설명해 주는 또 다른 질문이 나오는데, "너희가 알지 못하느냐?"는 말로 시작하는 구절입니다. 이는 3절, "그리스도 예수와 합하여 세례를 받은 우리는 그의 죽으심과 합하여 세례 받은 줄을 알지 못하느냐?"와 비슷한 형식의 질문입니다. "너희 자신을 종으로 내주어 누구에게 순종하든지 그 순종함을 받는 자의 종이 되는 줄을 너희가 알지 못하느냐?"(16절) 이 구절에서 바울은 우리가 무엇을 알아야 하는지를 분명히 보여 줍니다.

우리가 무엇을 알아야 하는지를 파악하려면 이와 유사한 구절들을 살펴볼 필요가 있습니다. 1-14절에서 우리가 알아야 할 것은, 우리가 믿음과 세례를 통해 그리스도와 연합되었으며, 따라서 우리가 죄에 대하여 죽고 하나님에 대하여는 산 자가 되었다는 것입니다. 15-23절에서 우리가 알아야 할 것은, 자아를 포기하고 자아를 하나님께 드림으로써 우리는 하나님의 종이 되고 순종하기로 다짐하게 된다는 것입니다. 이를 16절 상반절은 다음과 같이 말합니다. "일단 너희가 너희 주인을 선택하면 순종하는 것밖에 다른 선택의 여지가 없다. 따라서 너희가 죄에 굴복하여 '사망'으로 끝나든지, 순종하여 하나님께 용납되어 '의'로 끝나게 되어 있다." 다음 구절들에서는 두 종류의 종이 대조되는데, 이 대조는 그 두 종의 발단과 전개, 결말을 보여 줍니다.

두 종의 대조(17-22절)

발단(17-18절). '너희가 본래 죄의 종이더니'에 나오는 동사 시제는 미완료형으로, 이는 우리가 원래 어떠한 자들인지, 우리가 지금까지는 어떤 존재였는지를 보여 줍니다. "너희에게 전하여 준 바 교훈의 본을 마음으로 순종하였고"(부정과거). 복음이 너희에게 전해졌을 때, 너희가 복음을 마음으로부터 순종했다는 뜻입니다. "하나님께 감사하리로다"라는 바울의 말은 복음에 대한 그들의 반응이 하나님의 은혜로 인한 것임을 잘 보여 줍니다. 따라서 우리가 죄의 종이 된 것은 태어날 때부터입니다. 그것이 우리의 선천적인 상태입니다. 그러나 우리는 은혜로 말미암아 복음에 순종해 하나님의 종으로 살기 시작했습니다.

전개(19절). "너희 육신이 연약하므로 내가 사람의 예대로 말하노니 전에 너희가 너희 지체를 부정과 불법에 내주어 불법에 이른 것 같이 이제는 너희 지체를 의에게 종으로 내주어 거룩함에 이르라." 이것은 죄의 종이 된 결과가 도덕적인 타락의 무서운 과정인 것에 반해, 하나님의 종이 되는 것은 도덕적인 성화함의 영광스러운 과정임을 보여 줍니다. 각각의 종 된 상태는 가만히 머물러 있지 않고 계속해서 발전하게 되어 있습니다. 하나님의 종이 되어 점점 더 나아지든가, 죄의 종이 되어 점차 나빠지든가 둘 중 하나인 것입니다.

결말(20-22절). "너희가 죄의 종이 되었을 때에는… 너희가 그 때에 무슨 열매를 얻었느냐?" 이러한 일의 종말은 사망이기 때문에 이 질문에 대한 답은 없습니다. 그래서 사도 바울은 22절에서 하나님의 종 됨의 결말에 대해 말합니다. "그러나 이제는 너희가 죄로부터 해방되고 하나님께 종이 되어 거룩함에 이르는 열매를 맺었으니 그 마지막은 영생이라." 그리고 23절에서 바울은 "죄의 삯은 사망이요 하나님의 은사는 그리스도 예수 우리 주 안에 있는 영생이니라"라고 요약합니다. 여기에는 전혀 다른 두 종류의 삶, 즉 옛 자아의 삶과 새로운 자아의 삶이 언급되는데, 그 둘은 서로 완벽히 대조를 이룹니다. 예수님은 전자를 사망에 이르는 넓은 길이라 부르셨고, 후자를 생명에 이르는 좁은 길이라 부르셨습니다. 바울은 이 둘을 두 가지 종의 신분이라고 부릅니다. 우리는 날 때부터 죄의 종이었지만 은혜와 믿음으로 하나님의 종이 되었습니다. 죄의 종은 도덕적인 타락과 사망 외에는 어떠한 열매도 맺지 못합니다. 그러나 하나님의 종은 거룩함과 영생이라는 값진 열매를 맺습니다. 이렇듯 이 부분의 논증은 우리의 회심, 즉 하나님께 우리 자신을 내주는 행위는 우리를 하나님의 종이 되게 하고, 이 신분은 순종을 포함한다는 것입니다.

III. 결론

"우리가 계속 죄 가운데 거할 것인가?" 이 질문은 바울이 6장의 두 부분(1-15절, 16-23절)을 시작하면서 던진 질문으로, 바울의 비판가들이 그의 복음에 의혹을 제기하려고 던진 것이자 복음의 대적들이 지금까지 던져 온 것입니다. 그리고 죄 가운데로 우리를 몰아넣으려는 복음의 원수인 사단이 지금도 속삭이는 질문입니다. 사단이 동산에서 하와에게 "하나님이 참으로 너희더러… 지 말라 하시더냐?"라고 물었던 것처럼, 사단은 지금도 우리 귀에 "왜 계속해서 죄를 짓지 않느냐? 너는 하나님의 은혜 아래 있으니 마음껏 죄를 지어라. 하나님이 너를 용서해 주실 것이다"라고 속삭이고 있습니다.

이런 일이 일어날 때, 우리는 다음과 같이 분명히 말해야 합니다. "결코 그럴 수 없다!" 그러나 우리는 여기에서 더 나아가 이러한 반대에 논리적인 근거를 댈 수 있어야 합니다. 사단의 유혹에 반박할 수 있는 확고한 이유가 있습니다. 이것은 매우 중요합니다. 왜냐하면 이러한 위대한 교리를 우리 그리스도인의 일상적인 삶의 수준으로 끌어내려야 하기 때문입니다.

우리가 사단의 교활한 유혹을 거부해야 하는 이유는 무엇일까요? 그것은 우리가 그리스도와 하나가 된 자이며(1-14절), 하나님의 종이기 때문입니다(15-23절). 우리는 (외적으로는) 세례를 받아 그리스도와 연합하였고, (내적으로는) 믿음으로 하나님의 종이 되었기 때문입니다. 외적인 세례를 강조하든 내적인 믿음을 강조하든 요점은 같습니다. 우리의 회심으로 말미암아 우리가 그리스도와 연합되었고 하나님의 종이 되었다는 것입니다. 즉, 핵심은 우리가 어떤 존재가 되었는가 하는 것입니다.

나아가 우리의 신분은 다음과 같은 불가피한 함의를 갖고 있습니다. 만일 우리가 그리스도와 하나가 되었다면, 우리는 그리스도와 함께 죄에 대하여 죽었고 하나님에 대하여는 산 자가 된 것입니다. 만일 우리가 하나님의 종이라면, 우리는 순종하기로 다짐한 것입니다. 우리가 하나님의 은혜만을 믿고 고의로 계속 죄 가운데 머문다는 것은 상상조차 할 수 없는 일입니다. 도무지 용납할 수 없는 생각입니다.

우리는 이러한 진리를 항상 염두에 두어야 하며 우리 자신에게 이러한 질문을 던질 필요가 있습니다. "너는 알지 못하느냐? 네가 그리스도와 하나가 되었고, 죄에 대하여는 죽고 하나님에 대하여는 다시 살아났다는 것을 알지 못하느냐? 네가 하나님의 종으로서 그분에게 순종해야 한다는 것을 알지 못하느냐?" 우리의 질문은 다음과 같은 답이 나올 때까지 계속되어야 합니다. "그래, 나는 내가 누구인지 분명히 알고 있다. 나는 그리스도 안에서 새롭게 된 사람이다. 그렇기 때문에 나는 하나님의 은혜에 힘입어 새롭게 살겠다."

3장

로마서 7:1-8:4
——
율법으로부터의
자유

서론

7장에서 제시하는 그리스도인의 세 번째 특권은 율법으로부터의 자유입니다.

이 특권에 대해 이렇게 반론을 제기하는 사람들이 있습니다. "율법으로부터의 자유가 어떻게 그리스도인의 특권이라고 할 수 있는가?" "율법은 분명히 하나님의 법이고 유대인들이 가장 소중하게 여겼던 그들의 소유물이 아니었던가?" 로마서 9장 4절에 따르면 율법은 이스라엘만이 받은 여러 가지 특권 가운데 하나였음이 분명합니다. 율법을 가볍게 여기거나 율법으로부터의 해방을 그리스도인의 특권으로 간주하는 것은 유대인들에게 신성모독처럼 보일 것입니다. 바리새인들이 예수를 증오했던 이유는 예수를 율법위반자로 생각했기 때문이었습니다. 바울도 성전 주변의 유대인 폭도들이 '각처에서 우리 백성과 율법과 이곳을 비방하여 모든 사람을 가르친다'(행 21:28)고 믿었기 때문에 죽이려고 했던 것입니다.

그렇다면 율법에 대한 바울의 견해는 무엇이었습니까? 그는 로마서 6장에서 그리스도인들은 "법 아래 있지 않고 은혜 아래 있다"라고 두 번이나 말합니다(14, 15절). 바울의 이러한 주장이 그 편지의 수신자들에게 혁명적으로 들렸을 것이 분명합니다. 여기서 사도가 의미했던 바는 무엇일까요? 하나님의 거룩한 율법이 이제 폐기되었다는 것이었을까요? 그리스도인들은 이제 율법을 무시해도 되는 걸까요? 아니면 율법이 그리스도인의 삶에서 여전히 어떤 자리를 차지하고 있는 것일까요?

이런 질문들이 사도 바울이 살던 시대에는 매우 흔했습니다. 그리고 오늘날에도 이것은 단지 과거의 관심사에 불과한 것이 아닙니다. 모세의 율법은 예나 지금이나 하나님의 법이기 때문입니다. 좀 더 사려 깊은 그리스도인이라면 하나님의 율법이 우리의 삶에서 어떤 위치를 차지하는지 알 필요가 있습니다. 그뿐 아니라 최근에는 새로운 도덕에 대한 논쟁에서도 율법에 관한 관심이 일고 있습니다. 새로운 도덕주의자들은 오늘날의 율법 폐기론자들처럼 보입니다. 그들은 율법에 반대합니다. 그들은 율법의 범주는 그리스도인들의 삶에서 완전히 폐기되었고, 그리스도인과 율법은 아무런 관계가 없다고 선언합니다. 그러므로 우리는 사도 바울이 로마서 7장에서 전개하는 다소 복잡한 논증이 오늘날의 상황과 관련이 있다는 것을 알게 될 것입니다.

율법에 대한 태도

그리스도인들이 율법에 대해 가질 수 있는 태도는 크게 세 가지로 나눌 수 있습니다. 율법주의와 율법 폐기론, 그리고 율법을 준수하는 태도가 그것입니다. 이런 견해들을 살펴보는 것이 난해하기로 유명한 이번 장을 이해하는 데 큰 도움을 줄 것입니다.

먼저, **율법주의자**는 율법에 속박되어 있는 자입니다. 그는 하나님과 자신의 관계가 율법의 순종 여부에 좌우된다고 생각합니다. 또한 율법의 행위로 의롭게 되려고 애쓰기 때문에, 그에게 율법은 가혹하고 엄격한 주인과 같습니다. 이러한 자를 바울은 '율법 아래 있는 자'라고 표현합니다.

다음으로, **율법 폐기론자**가 있습니다. 그는 율법주의자와 완전히 반대되는 입장을 취합니다. 그는 율법을 전적으로 거부할 뿐 아니라, 대다수의 도덕적이고 영적인 문제들을 율법의 탓으로 돌립니다. 자유를 방종으로 바꾼 것입니다.

마지막으로, **율법을 준수하는 그리스도인**은 이 둘 사이에서 균형을 유지합니다. 그는 율법의 연약함을 알고 있는 사람입니다(롬 8:3). 율법의 연약함이란, 율법이 우리를 의롭게 하거나 거룩하게 할 수 없다는 뜻입니다. 인간의 힘으로는 율법에 순종할 수 없기 때문입니다. 그럼에도 불구하고 율법을 준수하는 신자는 율법을 하나님의 뜻의 표현으로 여겨 율법을 즐거워하며 성령의 능력으로 율법에 순종하려고 합니다.

이처럼 율법주의자는 율법을 두려워하고 그것에 속박되어 있으며, 율법 폐기론자는 율법을 혐오하고 거부하지만, 율법을 준수하는 신자는 율법을 사랑하고 율법에 순종하려고 합니다.

사도 바울은 로마서 7장에서 이 세 부류의 사람들을 직접적으로 또는 간접적으로 묘사합니다. 그가 의식적으로 이 세 부류의 사람들을 차례대로 언급하고 있지는 않지만, 우리는 그 유형들이 본문에 은연중에 나타나 있음을 알 수 있습니다.

7장의 개요

만일 우리가 이번 장 전체를 다음과 같이 개관해 본다면 세세한 부분을 이해하는 데 도움이 될 것입니다.

첫째, 바울은 율법이 우리를 더 이상 지배하지 못한다고 단언합니다(1-6절). 우리는 그리스도의 죽음에 의해 율법의 압제로부터 해방되었습니다. 우리 그리스도인들을 묶고 있는 것은 율법이 아니라 성령의 능력 안에 있는 그리스도 예수입니다. 이것이 율법주의자들을 향한 사도의 메시지입니다.

둘째, 사도는 죄와 사망이라는 인간의 비참한 상태의 책임을 율법에 돌리며, 율법을 완전히 폐기하려는 자들의 부당한 비판에 대항해 율법을 변호합니다(7-13절). 바울은 이 대목에서 우리의 죄와 사망의 원인이 하나님의 율법이 아니라 우리의 육신과 죄악된 본성이라고 주장합니다. 율법 자체는 선합니다(12, 13절). 선한 것이 하나도 없는 곳은 우리의 육신입니다(18절). 따라서 율법을 비난하는 것은 잘못이고 부당합니다. 이것이 율법 폐기론자들을 향한 사도의 메시지입니다.

셋째, 사도는 신자의 내적인 갈등과 승리의 비결을 기술합니다(7:14-8:4). 갈라디아서 5장에 의하면 이러한 갈등은 '육'과 '영' 사이에서 발생합니다. 이 단락에서 이를 표현하는 어법은 다양합니다. '마음'과 '육체', '내 마음의 법'과 '내 지체 속에 거하는 죄의 법', '생명의 성령의 법'과 '죄와 죽음의 법' 사이의 갈등이라고 합니다. 이 모든 것은 25절로 요약되는데, 거기에서 사도는 '나 자신'을 두 주인을 섬기는 종으로 묘사합니다. "그런즉 내 자신이 마음으로는 하나님의 법을, 육신으로는 죄의 법을 섬기노라." 우리가 그리스도인이긴 하지만, 우리를 그대로 둔다면 우리는 연약한 죄의 종이 될 수밖에 없고 율법을 지킬 수 없다. 그러나 하나님은 육신을 좇지 않고 그 영을 좇아 행하는 우리에게 율법의 요구가 이루어지게 행동하셨다(8:4). 달리 말하면, 성령은 내가 홀로 할 수 없는 것을 할 수 있게 능력을 주신다는 것입니다. 바로 이것이 율법을 준수하는 신자들을 향한 사도의 메시지입니다.

여기서 바울이 세 유형 각각에게 주는 메시지의 강조점을 주목하는 것이 중요합니다. 율법에 속박되어 있는 율법주의자에게 바울은 그러한 속박에서 해방되는 수단으로서 그리스도의 죽으심을 강조합니다. 율법을 비난하는 율법 폐기론자에게 바울은, 율법의 실패와 우리의 죄와 사망의 가장 큰 원인이 우리의 육신임을 강조합니다. 율법을 사랑하고 율법에 순종하기를 바라는 신자에게는 율법의 의가 우리 안에 이뤄지게 하는, 하나님이 정하신 수단으로서 성령의 내주하심을 강조합니다.

로마서 7장을 이처럼 각각 세 단락으로 나누고 거기에 적절한 제목을 붙인다면, 1-6절은 '율법의 가혹함'이라 할 수 있습니다. 율법을 자신의 주인으로 여기며 율법으로부터 해방된 줄 모르는 율법주의자는 율법을 두려워하기 때문입니다. 7-13절의 제목은 '율법의 연약함'이라 할 수 있습니다. 왜냐하면 이것을 율법 폐기론자가 이해하지 못하기 때문입니다. 그는 율법 자체가 연약하다고 생각하지만 실은 율법을 지킬 수 없는 우리 속에 연약함이 있습니다. 마지막으로 14절부터 8장 4절의 제목을 우리는 '율법의 의로움'이라 붙일 수 있습니다. 율법의 의는 성령의 인도를 받아 율법을 지키는 신자 속에서 이뤄지기 때문입니다.

I. 율법의 가혹함(7:1-6)

1 형제들아 내가 법 아는 자들에게 말하노니 너희는 그 법이 사람이 살 동안만 그를 주관하는 줄 알지 못하느냐 2 남편 있는 여인이 그 남편 생전에는 법으로 그에게 매인 바 되나 만일 그 남편이 죽으면 남편의 법에서 벗어나느니라 3 그러므로 만일 그 남편 생전에 다른 남자에게 가면 음녀라 그러나 만일 남편이 죽으면 그 법에서 자유롭게 되나니 다른 남자에게 갈지라도 음녀가 되지 아니하느니라 4 그러므로 내 형제들아 너희도 그리스도의 몸으로 말미암아 율법에 대하여 죽임을 당하였으니 이는 다른 이 곧 죽은 자 가운데서 살아나신 이에게 가서 우리가 하나님을 위하여 열매를 맺게 하려 함이라 5 우리가 육신에 있을 때에는 율법으로 말미암는 죄의 정욕이 우리 지체 중에 역사하여 우리로 사망을 위하여 열매를 맺게 하였더니 6 이제는 우리가 얽매였던 것에 대하여 죽었으므로 율법에서 벗어났으니 이러므로 우리가 영의 새로운 것으로 섬길 것이요 율법 조문의 묵은 것으로 아니할지니라

이 장은 매우 난해하고 중요한 본문이기에 우리는 순서

대로 자세히 다룰 필요가 있습니다.

"형제들아 내가 법 아는 자들에게 말하노니 너희는 그 법이 사람의 살 동안만 그를 주관하는 줄 알지 못하느냐"(1절). 이 구절에서 '주관하다'로 번역된 헬라어 '키리유오'는 마가복음 10장 42절에 나오는 단어입니다. "… 이 방인의 집권자들이 그들을 임의로 주관하고 그 고관들이 그들에게 권세를 부리는 줄을 너희가 알거니와"(막 10:42). 이 단어는 법의 지배를 받는 사람들을 향한 법의 고압적인 권위를 뜻합니다. 여기서 바울이 말하는 원리는 유대인과 로마인을 막론하고 법에 대해 조금이라도 아는 사람은 누구나 인정하는 것입니다. 법은 본래 사람의 유익을 위해 만든 것입니다. 법은 사람이 살아 있을 동안에만 구속력이 있습니다. 사도 바울은 일반적인 원리를 죽음이 서로를 갈라놓을 때까지 계약관계에 있는 결혼에 적용합니다. 사실 바울은 그것을 확대적용해서 두 사람의 관계와 관련된 법은 둘 모두 살아 있을 동안에만 구속력이 있다고 말합니다. 어느 한편이 죽으면 법이 더 이상 작동하지 않습니다. 결혼관계에서도 한 배우자가 죽으면 다른 배우자는 재혼할 자유가 있습니다.

"남편 있는 여인이 그 남편 생전에는 법으로 그에게 매인 바 되나 만일 남편이 죽으면 남편의 법에서 벗어나느니라 그러므로 만일 그 남편 생전에 다른 남자에게 가면 음녀라 그러나 만일 남편이 죽으면 그 법에서 자유롭게 되나니 다른 남자에게 갈지라도 음녀가 되지 아니하느니라"(2-3절). 결혼한 여자가 남편이 살아 있는 동안 다른 남자에게 가면, J. B. 필립스의 표현대로 '간음을 행했다는 오명을 얻게' 되지만, 남편이 죽으면 재혼을 한다 해도 간음한 여자라는 비난을 받지 않습니다. 같은 재혼을 놓고 이렇듯 전혀 다른 평가를 내리게 만드는 것은 무엇일까요? 답은 매우 단순합니다. 바로 남편의 죽음입니다. 죽음으로 첫 번째 결혼 관계가 끝났기 때문에 두 번째 결혼은 정당합니다. 죽음만이 이전 관계를 다스리는 법에서 여자를 해방시켜 주며, 재혼할 수 있는 자유를 보장해 줍니다.

1절의 원리와 2, 3절의 실례 다음에는 그 원리의 적용을 다루는 4-6절이 뒤따릅니다. 죽음이 결혼 관계를 종결시키듯이 죽음이 율법에 속박된 우리의 상태를 종결시켰다는 것입니다.

"그러므로 내 형제들아 너희도 그리스도의 몸으로 말미암아 율법에 대하여 죽임을 당하였으니 이는 다른 이 곧 죽은 자 가운데서 살아나신 이에게 가서 우리가 하나님을 위하여 열매를 맺게 하려 함이라"(4절). 십자가 위에서 죽은 것은 '그리스도의 몸'이었지만, 우리는 믿음으로 그분과 연합하여 예수 그리스도의 죽으심에 동참하게 되었습니다. 우리는 믿음을 통해 예수 그리스도와 연합했으므로 우리가 "그리스도의 몸을 통해 죽었다"라고 말할 수 있습니다. 그리고 우리가 죽었으므로 죽음이 우리를, 율법이 왕 노릇 하는 영역에서 벗어나게 한 것입니다. 율법에 의해 규정된 죄에 대한 무서운 대가는 우리를 대신해 그리스도께서 지불하셨습니다. 즉, 그리스도 안에서 우리가 지불한 셈입니다. 그러므로 율법의 요구는 그리스도의 죽으심으로 충족되었으므로, 우리는 더 이상 율법 아래 있지 않고 은혜 아래 있는 것입니다.

남편과 아내의 관계에서 한 사람을 자유롭게 재혼할 수 있게 하는 것이 죽음이라면, 그리스도인의 삶에서 우리를 자유롭게 하는 것은 (그리스도 안에서의) 우리 자신의 죽음입니다. 율법에 매여 있었던 우리가 율법에 대해 죽었으므로, 이제 우리는 하나님을 위한 열매를 맺기 위해 그리스도와 자유롭게 결합할 수 있게 되었습니다. 옛 삶에서 우리가 맺은 열매는 사망을 위한 것이었지만(5절), 이제 새로운 삶에서 우리가 맺는 열매는 하나님을 위한 것입니다.

그리스도인이 된다는 것은 관계와 충성의 대상이 완전히 바뀐다는 것입니다. 6장 마지막 부분에서는 두 가지 종의 신분을 대조시켰는데, 여기서는 그리스도인의 입장을 두 가지 결혼관계에 비유하여 죽음으로 말미암아 첫 번째 관계에서 벗어나 두 번째 관계를 맺는 것으로 묘사하고 있습니다. 말하자면, 우리는 율법과 '결혼'했었습니다(율법에 순종해야 하는 우리의 의무는 결혼계약처럼 구속력이 있었습니다). 그러나 이제는 우리가 자유롭게 되어 그리스도와 결혼한 상태입니다. 이러한 놀라운 결혼 비유를 통해 바울은 예수 그리스도와 우리의 연합의 실재성과 친밀함을 보여 주고 있습니다.

이 비유는 5, 6절로 이어집니다. 두 결혼과 그 결과를 대조시킨(4절) 바울은 이제 각각의 결혼 관계에서 율법이 갖는 위치를 대조합니다. 5절은 회심 이전의 삶을 묘사하고, 6절은 그 이후의 새로운 삶을 묘사합니다. 옛 삶에서는 율법이 죄의 정욕을 불러일으키는 수단이었고, 그 결과 우리를 죽음에 이르게 했습니다. 그러나 이제는 우리가 율법에서 풀려나서, 우리를 얽매였던 것에 대해 죽었습니다(6절).

5절에서 우리는 같은 부류에 속하는 네 가지 단어, 즉

'육신', '죄', '율법', '사망'이 함께 나오는 것을 주목할 필요가 있습니다. 육신에서 생기는 죄의 정욕이 율법에 의해 자극을 받아 사망으로 끝이 납니다. 그러나 이제 우리는 율법과 그 도발로부터 해방되었습니다.

만일 우리가 율법에서 풀려났다면 그 다음은 무엇일까요? 우리는 다음과 같은 사실에 주의해야 합니다. 율법으로부터의 해방은 우리가 마음대로 할 수 있는 자유를 얻었다는 의미가 아닙니다. 전혀 그렇지 않습니다! 율법으로부터의 자유는 방종이 아니라, 또 다른 종류의 신분을 의미합니다. '그래서' 우리는 [또 다른] 종이 된 것입니다. 우리는 율법에서 해방되었으되 자유로이 죄를 짓기 위해서가 아니라 자유로이 섬기기 위해서입니다. 그리스도인으로서 우리가 종이 된 것은 문자에 얽매인 낡은 정신이 아니라 새로운 정신 안에서 이루어진 것입니다. 이것이 바로 고린도후서 3장 6절에서 바울이 보여 주었던 옛 언약과 새 언약, 율법과 복음 사이의 철저한 대조입니다. 옛 언약은 문자, 곧 우리 밖에 있는 돌판에 새긴 외적인 규약입니다. 새 언약은 복음, 곧 '영'(정신)입니다. 성령께서 하나님의 법을 우리 마음속에 기록하시기 때문입니다. 이것이 현재 우리가 받은 새로운 종의 신분입니다.

이 부분을 마치기 전에 우리는 율법이 지금도 그리스도인에게 구속력을 갖고 있는지 다시 물어야 합니다. 이 질문에 대한 답은 '그렇지 않다'와 '그렇다' 둘 다입니다. 우리가 하나님께 받아들여진 것은 율법에 의한 것이 아니라는 의미에서 '그렇지 않다'입니다. 그리스도께서 죽으심으로 율법의 요구들을 완전히 충족시키셨으므로 우리는 그것으로부터 완전히 해방되었습니다. 율법은 우리에게 더 이상 어떤 권리도 주장할 수 없습니다. 율법은 더 이상 우리의 주인이 아닙니다. 다른 한편으로, 우리의 새로운 삶이 여전히 종의 신분이라는 의미에서 이 질문에 대한 답은 '그렇다'입니다. 우리는 여전히 무엇인가를 '섬기는' 자들입니다. 비록 우리가 율법으로부터 해방되긴 했지만 우리는 여전히 종입니다. 그러나 우리의 종노릇의 동기와 방법은 이전과는 완전히 다릅니다.

그러면 우리는 왜 섬기는 것일까요? 율법이 우리의 주인이어서 우리가 그것을 섬겨야 살 수 있기 때문이 아닙니다. 그리스도께서 우리의 남편이어서 우리가 섬기고 싶기 때문입니다. 율법에 대한 순종이 구원으로 인도하기 때문이 아니라, 구원이 율법에 대한 순종으로 인도하기 때문입니다. 율법은 "이것을 행하라. 그러면 살 것이다"라고 말합니다. 그러나 복음은 "살아났으니 이것을 행하라" 라고 말합니다. 동기가 완전히 바뀐 것입니다.

그러면 우리는 어떻게 섬겨야 할까요? 낡은 율법 조문이 아니라 새로운 영으로 섬겨야 합니다. 외적인 규약에 순종하는 것이 아니라 내주하시는 성령에 복종해야 합니다.

이제 1-6절에 나타난 바울의 논증을 요약해 보겠습니다. 우리는 여전히 종입니다. 그리스도인의 삶은 여전히 일종의 종의 신분으로 사는 것입니다. 그러나 우리가 섬기는 주인은 율법이 아니라 그리스도입니다. 그리고 우리는 문자가 아니라 성령의 능력으로 섬기는 것입니다. 그리스도인의 삶은 다시 살아나신 그리스도를 내주하시는 성령의 능력으로 섬기는 삶입니다.

II. 율법의 연약함(7:7-13)

[7]그런즉 우리가 무슨 말을 하리요 율법이 죄냐 그럴 수 없느니라 율법으로 말미암지 않고는 내가 죄를 알지 못하였으니 곧 율법이 탐내지 말라 하지 아니하였더라면 내가 탐심을 알지 못하였으리라 [8]그러나 죄가 기회를 타서 계명으로 말미암

아 내 속에서 온갖 탐심을 이루었나니 이는 율법이 없으면 죄가 죽은 것이라 ⁹전에 율법을 깨닫지 못했을 때에는 내가 살았더니 계명이 이르매 죄는 살아나고 나는 죽었도다 ¹⁰생명에 이르게 할 그 계명이 내게 대하여 도리어 사망에 이르게 하는 것이 되었도다 ¹¹죄가 기회를 타서 계명으로 말미암아 나를 속이고 그것으로 나를 죽였는지라 ¹²이로 보건대 율법은 거룩하고 계명도 거룩하고 의로우며 선하도다 ¹³그런즉 선한 것이 내게 사망이 되었느냐 그럴 수 없느니라 오직 죄가 죄로 드러나기 위하여 선한 그것으로 말미암아 나를 죽게 만들었으니 이는 계명으로 말미암아 죄로 심히 죄 되게 하려 함이라

5절은 우리의 죄와 죽음에 대한 책임을 율법에 돌리는 것처럼 보였습니다. 사도 바울은 이제 율법에 대한 부당한 비판에 대해 율법을 변호합니다. 7, 13절에 나오는 바울의 질문을 주목해 보십시오. "그런즉 우리가 무슨 말을 하리요? 율법이 죄냐?"(7절) "그러니 그 선한 것(즉, 율법)이 나에게 죽음을 안겨 주었다는 말인가?"(13절, 새번역) 이 질문을 바꿔 말하면 이렇습니다. "하나님의 율법이 나의 죄와 죽음에 대해 책임이 있느냐?" 이 두 질문과 이에 대한

바울의 답변을 자세히 살펴봅시다.

율법이 죄인가?(7-12절)

우리가 하나님을 위해 열매를 맺기 위해서 율법으로부터 해방되어야 했다면, 이는 우리의 죄악된 행위에 대해 율법이 책임져야 한다는 뜻이 아닐까요? 이에 대한 바울의 답변은 매우 분명합니다. "그렇지 않다!" 이어서 바울은 다음 절에서 율법과 죄의 관계를 보여 줍니다. 율법은 죄를 만들지 않는다고 말합니다. 당신이 죄인이라면 그것은 율법의 잘못이 아닙니다. 사도는 죄와 율법 사이에 다음의 삼중 관계가 있다고 말합니다.

첫째, **율법은 죄를 폭로한다.** "율법으로 말미암지 않고는 내가 죄를 알지 못하였으니 곧 율법이 탐내지 말라 하지 아니하였더라면 내가 탐심을 알지 못하였으리라"(7절하). 로마서 3장 20절도 다음과 같이 말합니다. "율법으로는 죄를 깨달음이니라."

둘째, **율법은 죄를 유발시킨다.** 앞서 5절에서 보았듯이, 율법은 죄를 폭로할 뿐 아니라 죄를 범하도록 자극하기도 합니다. "그러나 죄가 기회를 타서 계명으로 말미암아 내 속에서 온갖 탐심을 이루었나니"(8절 상). 여기 '기회를 타서'라는 말은 공격 작전의 발판으로 삼는 군사기지를 가리킵니다. 율법이 하는 일이 바로 이것입니다. 율법은 실제로 죄를 저지르도록 우리를 자극합니다. 율법이 이와 같은 일을 한다는 것을 우리는 일상에서 실제로 경험합니다. 고속도로를 자동차로 달리다 보면 '속도를 줄이라'는 도로교통 표지판을 볼 수 있습니다. 그런데 우리는 본능적으로 '왜 그래야 하지?' 하고 반응합니다. 이것이 바로 법이 우리 속에서 일으키는 반응입니다. 또 '출입엄금'이나 '관계자 외 출입금지'라는 표지를 보면 더 들어가고 싶은 마음이 듭니다. 법적인 명령과 금지가 우리로 하여금 그와 정반대되는 행동을 하도록 자극하기 때문입니다. 이것이 바울이 탐심을 금하는 십계명에 대해 발견한 것입니다. "죄는 이 계명을 통하여 틈을 타서, 내 속에서 온갖 탐욕을 일으켰습니다"(8절, 새번역). 율법은 죄를 폭로하고 죄를 유발시킵니다.

셋째, **율법은 죄를 정죄한다.** "이는 율법이 없으면 죄가 죽은 것임이라 전에 율법을 깨닫지 못했을 때에는 내가 살았더니 계명이 이르매 죄는 살아나고 나는 죽었도다 생명에 이르게 할 그 계명이 내게 대하여 도리어 사망에 이르게 하는 것이 되었도다 죄가 기회를 타서 계명으로 말미암아 나를 속이고 그것으로 나를 죽였는지라" (8절 하-11절). 여기서 사도는 율법에 무지했던 자신의 어린 시절에 대해 이야기하고 있는 듯합니다. 율법의 요구를 모르고 '율법을 알지 못했을 때'에는 내가 영적으로 살아 있었지만, 율법의 의무를 져야 하는 열세 살이 되었을 때 "죄는 살아나고 나는 (율법의 심판 아래서) 죽었다." 또는 바울이 하나님이 죄를 폭로하고, 죄를 유발하고, 정죄하기 위해 율법을 주신 인간의 역사를 요약한 것으로도 볼 수 있습니다. 어쨌든 생명을 약속했던 그 계명(레 18:5)이 바울에게 도리어 죽음을 초래했고, 계명을 작전의 기지로 삼아 그를 속이고 또 죽였습니다.

이것이 율법의 세 가지 무서운 결과입니다. 율법은 죄를 폭로하고, 유발하며, 정죄합니다. 그러나 율법 자체가 죄악된 것은 아닙니다. 율법 자체가 죄를 짓도록 하는 것도 아닙니다. 율법을 이용해 사람들로 죄를 범하게 하고 사람들을 사망에 이르게 하는 것은 죄, 곧 우리의 죄악된 본성입니다. 율법 그 자체는 거룩하며, 계명도 거룩하고 의로우며 선한 것입니다(12절).

이 단락의 가르침은 7절의 "그런즉 우리가 무슨 말을

하리요? 율법이 죄냐?"라는 질문과 12절의 "이로 보건대 율법은 거룩하고 계명도 거룩하고 의로우며 선하도다"라는 확증으로 잘 요약할 수 있는데, 이는 우리를 두 번째 질문으로 인도합니다.

율법이 사망을 초래하는가?(13절)

"생명에 이르게 할 그 계명이 내게 대하여 도리어 사망에 이르게 하는 것이 되었도다"(10절)는 말은 사실입니다. 그러나 율법이 한편으로는 생명을 주고 다른 한편으로는 사망을 초래할 수 있을까요? "선한 것이 내게 사망이 되었다"라고 말할 수 있을까요? 나의 사망이 율법의 잘못인 것일까요? 이에 대한 사도 바울의 답은 단호합니다. "결코 그렇지 않다!" "… 죄가 [내 속에서] 그 선한 것을 방편으로 하여 나에게 죽음을 일으켰습니다…"(13절, 새번역). 죄의 "지극히 악한" 본성이 나쁜 목적을 위해 선한 것(율법)을 이용하는 모습에서 드러납니다. 그러나 우리는 이로 인해 율법 자체를 비난해서는 안 되고, 죄를 비난해야 합니다. 실례를 들어 설명하는 것이 도움이 될 것 같습니다. 어떤 사람이 죄를 범해 현행범으로 체포되었다고 생각해 보십시오. 체포된 후 재판에 회부되어 유죄 판결을 받아 실형을 선고받게 되었습니다. 그가 감옥에서 형벌을 받으면서 자신을 감옥에 가둔 법을 비난하고 싶은 마음이 든다면, 그는 자신을 감옥에 가둔 책임이 법에 있다고 법을 비난할 것이 아니라 책임은 자기 자신에게 있다고 생각해야 하지 않겠습니까? 자신의 행위를 정죄한 것은 법이지만 법을 어긴 것은 그 자신이기 때문입니다.

그래서 사도 바울은 율법의 혐의를 벗겨 줍니다. 율법은 죄를 폭로하고, 유발시키며, 정죄할 뿐입니다. 우리의 죄와 사망에 대한 책임을 율법에 돌려서는 안 됩니다. 이를 F. F. 브루스는 "문제의 원흉은 죄악이다"라고 표현한 바 있습니다. 율법에 문제가 있다고 말하는 율법 폐기론자들의 주장은 완전히 잘못된 것입니다. 우리의 진정한 문제는 죄입니다. 율법이 연약해서 우리를 구원할 수 없는 것은 내주하는 죄, 우리의 '육신', 또는 타락한 본성 때문입니다. 우리가 율법을 지킬 수 없다는 단순한 이유로 인해 율법은 우리를 구원할 수 없습니다. 우리 안에 죄가 내주하고 있기에 우리는 결코 율법을 지킬 수 없는 것입니다.

III. 율법의 의로움(7:14-8:4)

¹⁴우리가 율법은 신령한 줄 알거니와 나는 육신에 속하여 죄 아래에 팔렸도다 ¹⁵내가 행하는 것을 내가 알지 못하노니 곧 내가 원하는 것은 행하지 아니하고 도리어 미워하는 것을 행함이라 ¹⁶만일 내가 원하지 아니하는 그것을 행하면 내가 이로써 율법이 선한 것을 시인하노니 ¹⁷이제는 그것을 행하는 자가 내가 아니요 내 속에 거하는 죄니라 ¹⁸내 속 곧 내 육신에 선한 것이 거하지 아니하는 줄을 아노니 원함은 내게 있으나 선을 행하는 것은 없노라 ¹⁹내가 원하는 바 선은 행하지 아니하고 도리어 원하지 아니하는 바 악을 행하는도다 ²⁰만일 내가 원하지 아니하는 그것을 하면 이를 행하는 자는 내가 아니요 내 속에 거하는 죄니라 ²¹그러므로 내가 한 법을 깨달았노니 곧 선을 행하기 원하는 나에게 악이 함께 있는 것이로다 ²²내 속사람으로는 하나님의 법을 즐거워하되 ²³내 지체 속에서 한 다른 법이 내 마음의 법과 싸워 내 지체 속에 있는 죄의 법으로 나를 사로잡는 것을 보는도다 ²⁴오호라 나는 곤고한 사람이로다 이 사망의 몸에서 누가 나를 건져내랴 ²⁵우리 주 예수 그리스도로 말미암아 하나님께 감사하리로다 그런즉 내 자신이 마음으로는 하나님의 법을 육신으로는 죄의 법을 섬기노라 ⁸:¹그러므로 이제 그리스

도 예수 안에 있는 자에게는 결코 정죄함이 없나니 **2** 이는 그리
스도 예수 안에 있는 생명의 성령의 법이 죄와 사망의 법에서
너를 해방하였음이라 **3** 율법이 육신으로 말미암아 연약하여 할
수 없는 그것을 하나님은 하시나니 곧 죄로 말미암아 자기 아
들을 죄 있는 육신의 모양으로 보내어 육신에 죄를 정하사 **4** 육
신을 따르지 않고 그 영을 따라 행하는 우리에게 율법의 요구
가 이루어지게 하려 하심이니라

지금까지 우리는 율법의 가혹함과 그것의 준엄한 요구
들, 그리고 우리가 그리스도의 죽으심으로 인해 그로부
터 해방되어 더 이상 율법 아래 있지 않다는 것을 살펴보
았습니다. 또한 율법의 연약함에 대해 살펴보았는데, 그
것은 율법 자체 때문이 아니라 우리의 육신 안에 있는 죄
때문임을 알았습니다. 이제 우리는 율법의 의로움에 대해
고찰해 볼 차례입니다. 이를 통해 먼저 그리스도인이 어
떻게 율법을 즐거워하고, 내주하시는 성령의 능력으로 율
법의 의를 성취하게 되는지 알게 될 것입니다.

바울의 경험에 대한 질문

본문을 세밀하게 살피기 전에 먼저 고찰해야 할 중요한 문제가 있습니다. 그것은 바로 14절로 시작하는 부분에서 볼 수 있는 두 가지 변화입니다.

첫째, **동사 시제의 변화**. 앞의 단락(7-13절)에서 바울은 과거 시제(부정과거형)를 사용함으로써 자신이 과거에 겪었던 경험을 서술했습니다. "죄는 살아나고 나는 죽었도다"(9절). "죄가 나를 죽였는지라"(11절). "그런즉 선한 것이 내게 사망이 되었느냐 그럴 수 없느니라 오직 죄가… 나를 죽게 만들었으니"(13절). 이 구절들에서 모든 동사의 시제는 과거형입니다. 그런데 이제 14절부터는 동사의 시제가 현재형으로 바뀌어 바울이 현재 겪고 있는 경험에 대해 말하는 듯합니다. "나는 육신에 속하여"(14절). "내가 원하는 것은 행하지 아니하고 도리어 미워하는 것을 행함이라"(15절). 이 동사들의 시제가 모두 현재형입니다.

둘째, **상황의 변화**. 바울은 앞에서 죄가 어떻게 율법을 통해 살아나고 자신을 죽였는지에 대해 묘사했습니다. 그런데 이 단락에서는 바울이 패배를 시인하길 거부하며 죄와의 치열한 싸움을 계속하고 있다고 묘사합니다.

이러한 두 가지 변화로 보건대, 7-13절은 그리스도인이 되기 이전의 바울 자신의 삶에 대해, 그리고 14절 이하는 그리스도인으로서의 삶에 대해 묘사하는 것 같습니다. 그러나 일부 헬라 교부들은 이 견해를 거부했습니다. 그들은 바울처럼 성숙한 그리스도인이 어떻게 그런 치열한 갈등을 겪고 있다고 말할 수 있는지, 그리고 어떻게 그러한 싸움에서 자신은 결코 이길 수 없다고 말할 수 있는지 이해하기 어렵다고 말합니다. 따라서 이 단락은 그리스도인이 되기 이전에 바울이 겪은 도덕적 갈등에 대한 묘사가 분명하다고 주장했습니다.

그러나 종교개혁자들과 그들을 따르는 대다수 주석가들은 이 단락을 다음 두 가지 근거로 신자로서의 바울 자신에 대한 묘사라고 확신했습니다. 그 두 가지 근거란 첫째, 자기 자신에 대한 바울의 견해이고, 둘째, 율법에 대한 바울의 견해입니다.

첫째, **자기 자신에 대한 바울의 견해**. 이에 대해서는 18절이 말해 줍니다. "(나는) 내 속 곧 내 육신에 선한 것이 거하지 아니하는 줄을 아노니, 원함은 내게 있으나 선을 행하는 것은 없노라." 24절도 보십시오. "오호라. 나는 곤고한 사람이로다. 이 사망의 몸에서 누가 나를 건져내랴?" 그는 구원해 달라고 울부짖고 있습니다. 성숙한 그리스도인이 아니고서 누가 자기 자신에 대해 이렇게 생각하고 또 말할 수 있을까요? 독선에 빠져 있는 불신자는 결코 자신을 '곤고한 사람'으로, '비참한 피조물'(NEB)로 인정하지 않을 것입니다. 여전히 자기 자신을 믿는 미성숙한 그리스도인도 결코 이처럼 구원을 희망하지 않습니다. 오직 성숙한 그리스도인만이 이처럼 자기를 혐오하고 자기에게 절망하는 자리에 이를 수 있습니다. 성숙한 그리스도인은 자신의 육신 안에 선한 것이 존재하지 않는다는 것을 분명하게 인식하기 때문입니다. 오직 그런 사람만이 자신의 비천함을 인정하고 믿음으로 구원을 갈망합니다. 이것이 바울의 자신에 대한 견해입니다.

둘째, **율법에 대한 견해**. 바울은 율법을 16절에서 '선하다'고 말하고 19절에서 '내가 원하는 선'이라고 부릅니다. 바울은 율법이 본질적으로 선하다고 인정하며, 전심으로 율법에 순종하기를 갈망합니다. 그는 22절에서 '내 속 사람으로는 하나님의 법을 즐거워한다'고 말합니다. 이런 말은 불신자가 할 수 있는 고백이 아닙니다. 율법에 대한 불신자들의 태도는 8장 7절에 잘 나타나 있습니다. "육신 (구속되지 못한 인간 본성)의 생각은 하나님과 원수가 되나니,

이는 하나님의 법에 굴복하지 아니할 뿐 아니라 할 수도 없음이라." 그러나 바울은 지금 하나님의 법에 적대적이기는커녕 자신은 율법을 사랑한다고 말합니다. 바울은 오히려 악한 것을 싫어한다고 말합니다. 선한 것을 사랑하고 즐거워하지만 악한 것들은 미워한다는 말입니다.

이상의 두 가지 이유로 우리는 7장 후반부에 나오는 화자가 성숙한 그리스도인, 곧 자신의 죄 있는 육신과 하나님의 거룩한 율법에 대해 분명하고 올바른 견해를 가진 그리스도인이라고 추정하게 됩니다. 그의 입장은 그의 육신 속에는 선한 것이 없지만, 하나님의 법은 그가 원하는 선이라는 것입니다. 이를 14절은 다음과 같이 잘 요약하고 있습니다. "우리가 율법은 신령한 줄 알거니와 나는 육신에 속하여(육신적이어서) 죄 아래에 팔렸도다." 여기서 우리는 율법이 영적인 것이라는 사실에 주목해야 합니다. 우리는 율법과 성령이 서로 모순되는 것인 양 전자와 후자를 상반된 것으로 보아서는 안 됩니다. 결코 그렇지 않습니다! 율법을 우리 마음속에 기록하는 분은 바로 성령이십니다. 사도 바울이 우리 안에 내주하시는 성령과 대비시키고 있는 것은 율법 자체가 아니라 '의문', 곧 외적인 규범으로서의 율법입니다. 하나님의 율법의 신령함과 자기가 태어나면서부터 육신에 속한 존재임을 아는 사람은 성숙한 그리스도인입니다.

그렇지 않다면 바울이 왜 자신의 경험을 갈등과 패배로 묘사하는 것일까요? 왜 바울은 선을 행하기 원하지만 선을 행하지 못하며, 행할 수도 없다고 말하는 것일까요? 답은 이것입니다. 바울은 7-13절에서 불신자로서 율법을 지킬 수 없었다는 것을 보여 주었습니다. 그리고 14-25절에서 그는 그리스도를 믿는 신자라 하더라도 혼자서는 여전히 율법을 지킬 수 없다는 것을 보여 줍니다. 그는 율법이 선하다고 인정하고, 율법을 즐거워하며, 율법을 지키고 싶어 합니다. 이 중에 어느 것도 불신자 시절에는 불가능했던 일입니다. 그러나 육신, 곧 회심하기 전에는 멸망의 원인이었던 그의 타락한 본성은, 그를 죄와 사망에 이르게 했는데, 성령의 능력으로 이 본성을 정복하지 못하는 한 회심 이후에도 그를 멸망으로 이끕니다. 회심 이후에도 우리의 육신은 절망적으로 악하다는 사실을 정직하고 겸손하게 인정하는 것이야말로 성화의 첫 단계입니다. 분명히 말하자면, 우리 중 일부가 거룩한 삶을 살지 못하는 이유는 자신을 너무 높게 평가하기 때문입니다. 자신의 비참한 상태를 보지 못한 사람은 구원해 달라고 부르짖지 않습니다. 성령의 능력으로 믿음에 이르는 유일한 길은 자기 자신에 대해 절망하는 것에서 시작합니다. 이 문제를 영원히 해결하는 다른 방도는 없습니다. 육신의 힘과 교활함 때문에 우리는 한순간도 긴장의 끈을 놓을 수 없습니다. 그래서 늘 깨어 있고 주님께 의존해야 합니다.

그렇기 때문에 7장의 두 단락(7-13절, 14절 이하)에서 사도는, 우리가 신자이든 불신자이든, 거듭난 사람이든 거듭나지 못한 사람이든, 우리 안에 내주하는 죄, 곧 육신이 가장 큰 문제라는 것과 율법이 연약해서 우리를 도울 수 없는 책임이 그것에 있음을 강조하는 것입니다.

7:14-8:14절에 대한 세밀한 분석

7:14-20절 분석. 이 단락에서 사도는 동일한 내용을 14-17절과 18-25절에서 두 번 반복함으로써 그 내용을 강조합니다. 이 두 부분은 거의 동일하기 때문에 함께 다루는 것이 좋겠습니다.

① 먼저, 두 부분은 우리의 상태, 곧 우리가 어떤 사람인지에 대한 솔직한 인식으로 시작합니다.

"우리가 율법은 신령한 줄 알거니와 나는 육신에 속하

여 죄 아래에(죄의 노예로) 팔렸도다"(14절). 이것이 바로 나의 실상이고 그리스도인으로서도 마찬가지입니다. 육신이 여전히 내 속에 거하고 나를 공격하고 있으면, 나는 그 적수가 못 됩니다. 나로서는 육신의 노예, 억지로 순종하는 노예가 될 수밖에 없습니다. 이에 상응하는 18절 역시 내가 '아는' 것으로 시작합니다. "내 속 곧 내 육신에 선한 것이 거하지 아니하는 줄을 아노니."

이것이 내가 나 자신에 대해 알아야 할 것입니다. 성령이 내게 보여 주신 나의 상태이기 때문입니다. 이 구절은 육신이 여전히 내 안에 거하고 있고, 나의 육신 안에는 선한 것이 전혀 없으며, 그리스도인이라 하더라도 나 홀로 두면 육신의 포로가 된다고 말합니다.

② 다음으로, 각 부분은 그로 인해 생긴 갈등에 대한 생생한 묘사로 이어집니다.

새영어성경은 15절을 이렇게 번역합니다. "나는 내가 하는 행동을 내 것으로 인정하지 않습니다." 지금 나는 내 의지에 반해서 그리스도인으로서 동의할 수 없는 행동을 한다는 뜻입니다. 그리고 이렇게 이어집니다. "내가 원하는 것은 행하지 아니하고 도리어 미워하는 것을 행함이라." 18-19절도 이를 다시 강조합니다. "… 원함은 내게 있으나 선을 행하는 것은 없노라. 내가 원하는 바 선은 행하지 아니하고 도리어 원하지 아니하는 바 악을 행하는도다." 이는 하나님의 뜻을 알고, 그것을 사랑하며, 그것을 원하지만, 혼자서는 그것을 행할 수 없음을 아는 신자가 갈등하는 모습입니다. 그의 모든 것, 마음과 의지는 하나님의 뜻과 하나님의 법을 향해 있습니다. 그는 선을 행하기 원하며 악을 미워합니다. 그가 죄를 행한다면, 그것은 그의 마음과 의지에 반하는 것입니다. 그가 바라는 삶과는 정반대의 모습입니다.

바로 이것이 하나님의 뜻을 알고, 그것을 사랑하며, 그것을 갈망하고, 행하기 원하지만, 그것을 하지 못하는, 즉 의지는 있지만 수행할 능력은 없는 그리스도인의 모습입니다.

③ 마지막으로, 각 부분은 성령으로부터 떨어져 있는 그리스도인의 개인적이며 도덕적인 무능력의 원인에 대한 결론으로 끝납니다.

"만일 내가 원하지 아니하는 그것을 행하면 (그것은 율법의 잘못이 아니고) 내가 이로써 율법이 선한 것을 시인하노니, 이제는 그것을 행하는 자가 내가 아니요 (내가 자원해서 행하는 것이 아니므로) 내 속에 거하는 죄니라"(16-17절). 20절도 똑같은 결론으로 끝납니다. "만일 내가 원하지 아니하는 그것을 하면 이를 행하는 자는 내가 아니요 내 속에 거하는 죄니라."

따라서 우리는 두 부분이 가르치는 바를 다음과 같이 요약할 수 있습니다.

첫째, 선한 것이 전혀 없는 육신이 내 속에 거하며 나를 사로잡고 있는 우리의 현재 상태. 둘째, 그로 인해 원하는 선은 행하지 않고 원하지 않는 악을 행하는 우리의 내적 갈등. 셋째, 따라서 나의 의지에 반하는 행동을 한다면 그것은 내 속에 거하는 죄 때문이라는 결론.

바울이 의도하는 바는 우리 육신의 무익함을 폭로하고, 오직 성령만이 우리를 구원할 수 있음을 확신시키고자 하는 것입니다.

7:21-25절 분석. 이 부분에서 사도 바울은 자신의 논증을 한 단계 더 진전시킵니다. 지금까지 바울은 자신의 상태와 갈등을 평범하게 묘사했습니다.

이제 그는 그것을 그의 상황 속에서 작동하는 '법' 내지는 '원리'라는 용어를 사용하여 철학적으로 표현합니다. 일반적인 원리가 21절에 잘 묘사되어 있습니다. "그러므로 내가 한 법을 깨달았노니!" 이것은 그의 경험에서 이끌어 낸 하나의 철학적인 결론입니다. 새영어성경식으로 말하면 "나는 이 원리를 발견했다!"입니다. "그러므로 내가 한 법을 깨달았노니 곧 선을 행하기 원하는 나에게 악이 함께 있는 것이로다"(21절).

이 일반적인 원리는 22, 23절에서 두 개의 상반되는 법들로 나뉘는데, 23절은 이것들을 '내 마음의 법'과 '죄의 법'이라고 부릅니다. '마음의 법'은 '하나님의 법을 즐거워하는 속사람'을 뜻합니다(22절). '죄의 법'은 바울이 묘사하는 바, '내 마음의 법과 싸워' '나를 사로잡는' '내 지체 속의' 원리 또는 세력을 말합니다. '내 마음의 법'은 하나님의 법을 진심으로 사랑하는 '내 속사람', 내 마음과 의지 안에 있는 세력입니다. 그러나 '죄의 법'은 하나님의 법을 미워하는 '내 지체', 내 육신 속의 세력입니다. 이것은 그리스도인의 경험에서 나온 철학입니다. "내가 원하는 바 선은 행하지 아니하고 도리어 원치 아니하는 바 악은 행하는도다"라는 말의 배후에는 내 마음의 법과 죄의 법이 갈등관계에 있다는 철학이 있습니다. 즉, 내 마음과 내 육신, 내 거듭난 마음과 거듭나기 전의 옛 마음이 서로 싸우고 있는 것입니다. 이것은 모든 그리스도인이 끊임없이 경험하는 괴로운 싸움입니다. 마음으로는 하나님의 법을 즐거워하고 그 법대로 행하고 싶지만, 육신은 그것에 적대적이며 순종하지 않으려 하는 갈등 말입니다.

이 갈등은 우리로 하여금 극명하게 상반되는 "오호라! 나는 곤고한 사람이로다 이 사망의 몸에서 누가 나를 건져내랴"(24절) 같은 절망적인 탄식과 "우리 주 예수 그리스도로 말미암아 하나님께 감사하리로다"(25절) 같은 탄성을 반복해서 발하게 합니다. 절망의 탄식과 승리의 탄성을 동시에 말입니다. 이는 자기 본성의 내적인 타락을 한탄하며 구출을 갈망하는 동시에 유일한 구원자이신 예수 그리스도로 말미암아 하나님을 기뻐하는 성숙한 그리스도인의 이중적인 탄성입니다. 더 나아가, 그가 갈망하는 구출은 지금 여기에서의 자기절제일 뿐만 아니라, 그가 죽을 때 새롭고 영광스러운 몸으로 옷 입을 마지막 날에 이 '사망의 몸'에서 해방되는 것입니다.

그리스도인들이 이 땅에서는 7장의 갈등에서 8장의 승리로, 곧 절망의 외침에서 승리의 환호성으로 영원히 바뀌는 경험은 하지 못합니다. 7장의 갈등에서 8장의 승리로 바뀌는 것이 우리를 향한 하나님의 목적이라고 믿는 사람들이 있는데, 그들에게는 7장 마지막 문장이 큰 걸

림돌입니다. 기쁨과 감사를 드린 바울은 곧바로 갈등하는 모습으로 되돌아가서 이렇게 끝맺고 있기 때문입니다. "그런즉 내 자신이 마음으로는 하나님의 법을 육신으로는 죄의 법을 섬기느니라." 그렇습니다! 그리스도인은 매 순간 구원을 갈망할 뿐 아니라 언제나 자신을 구원하실 이를 기뻐합니다. 우리는 우리의 타락한 본성의 욕망, 그리고 우리의 마음과 육신 사이의 화해할 수 없는 갈등을 의식할 때마다, 우리 속에 거하는 죄와 부패로부터 벗어나기를 간절히 바라며 탄식합니다. "아, 나는 비참한 사람입니다. 누가 이 죽음의 몸에서 나를 건져 주겠습니까?" (24절, 새번역) 그러나 동시에 우리는 우리의 괴로운 질문에 대해, 하나님의 위대한 구원에 감사하는 승리의 탄성으로 응답합니다. 하나님이 우리의 육신을 그분의 영으로 정복하실 것이며, 마지막 날 부활의 때에 우리를 새로운 몸으로 옷 입혀 주시고, 우리 안에 거하는 죄로부터 해방시켜 주실 분임을 알고 있기 때문입니다.

바울은 이제 7장의 마지막 절(25절)에서 피할 수 없는 그리스도인의 이중적인 노예상태를 탁월하게 요약합니다. "… 그런즉 내 자신이 마음(온 마음과 영혼)으로는 하나님의 법을, 육신(성령에 의해 정복되기까지는)으로는 죄의 법을 섬기노라." 하지만 두 주인을 동시에 섬길 수 있는 사람은 아무도 없습니다. 하나님의 법을 섬길 것인지, 아니면 죄의 법을 섬길 것인지를 우리는 선택해야 합니다. 그리고 그것은 마음의 지배를 받느냐, 아니면 육신의 지배를 받느냐에 달려 있습니다. 문제는 어떻게 마음이 육신을 지배할 수 있게 하느냐 하는 것입니다.

이 문제는 우리를 8장의 앞부분으로 데려가는데, 7장 후반부의 배경에 있었지만 한 번도 언급되지 않았던 성령의 은혜로운 사역으로 이끌어 줍니다. 이것은 7장에서 8장으로 진행되는 사상의 진전입니다. 7장 뒷부분의 갈등이 내 마음과 내 육신 사이의 문제였는데 반해, 8장 앞부분에서의 갈등은 성령과 육신 사이의 문제입니다. 이 성령은 우리를 구출하러 오셔서 내게 주신 새로운 마음과 동맹을 맺고 나의 육신을 정복합니다. 이것은 동일한 갈등이지만 다른 각도에서 본 것이고 다른 결과를 가져옵니다. 7장 22절에 의하면, 신자는 하나님의 법을 즐거워하지만, 내주하는 죄로 인해 자신의 힘으로는 그것을 실행하지 못합니다. 그러나 8장 4절에 의하면, 신자는 하나님의 법을 즐거워할 뿐 아니라, 내주하시는 성령으로 인해 하나님의 법을 이룰 수 있게 됩니다.

8:1-4절 분석. 1, 2절에서 사도는 한 걸음 뒤로 물러나 그리스도인의 전경을 조망합니다. 그는 '그리스도 예수 안'에 있는 사람이 가진 구원의 위대한 두 가지 축복을 말합니다. 첫째, '그리스도 예수 안에' 있는 자에게는 결코 정죄함이 없다는 것(1절)과 둘째, '그리스도 예수 안'에서 '생명의 성령(또는 생명을 주는 성령)의 법이 죄와 사망의 법에서 나를 해방시켰다는 것'(2절)입니다. 다시 말해, 구원은 그리스도 예수 안에 있는 이들(그리스도와 연합되어 있는 자들)의 것이며, 구원은 정죄와 죄의 굴레에서의 해방을 의미한다는 것입니다. 나아가 바울은 성령이 율법으로부터 우리를 자유롭게 해 주기 때문에 그리스도 안에 있는 자에게는 결코 정죄함이 없다고 말할 때, 그는 우리의 성화를 칭의의 원인이나 근거로 삼는 게 아니라, 칭의의 필연적인 열매라고 말하는 것입니다. 즉, 이렇게 말하는 셈입니다. "그리스도 안에서 우리는 더 이상 정죄를 받지 않고 의롭게 되었다는 것을 아는데, 이는 그리스도 안에서 우리가 또한 자유롭게 되었기 때문이다." 이 두 가지 사실은 떼려야 뗄 수 없는 관계입니다.

그렇다면 이 두 가지 축복을 받을 수 있는 방법은 무엇일까요? 이 질문에 대해서는 3-4절이 답변을 하고 있습니다. 1-2절이 구원의 범위를 다루고 있다면, 3-4절은 구원의 방법, 즉 하나님이 우리를 어떻게 구원하시는지를 다룹니다.

우리가 가장 먼저 주목해야 할 것은 하나님께서 구원을 이루셨다는 사실입니다. "율법이 육신으로 말미암아 연약하여 할 수 없는 그것을 하나님은 하시나니…"(3절). 우리는 율법이 우리를 구원하는 데 무능하다는 것을 이미 보았습니다. 율법의 연약함은 그 자체에 있는 것이 아니라 우리의 육신 때문에 우리 안에 있다는 것도 알았습니다. 우리의 육신 때문에 우리는 율법을 지킬 수 없습니다. 우리가 율법을 지킬 수 없기 때문에 율법은 우리를 구원할 수 없습니다. 율법은 우리를 의롭게 하지도, 거룩하게 만들지도 못합니다. 그래서 율법이 육신으로 말미암아 연약하여 할 수 없던 것을 하나님이 하셨던 것입니다.

하나님은 그것을 어떻게 하셨습니까? 그분은 자신의 아들을 통해(3절), 그리고 그분의 영을 통해(2, 4절) 하셨습니다. 하나님은 육신을 입은 그분의 아들의 죽음을 통해 우리를 의롭게 하시고, 내주하는 그분의 영의 능력으로 우리를 거룩하게 하십니다.

그러므로 우리는 하나님의 아들과 하나님의 영의 이러

한 놀라운 사역을 면밀히 살펴보아야 합니다.

먼저, 하나님은 자신의 아들을 보내셨습니다(3절). '죄 있는 육신의 모양으로'라는 의미심장한 표현에 주목해 보십시오. '죄 있는 육신으로'가 아닙니다. 예수님의 육신은 결코 죄가 없었기 때문입니다. '육신의 모양으로'도 아닙니다. 예수님의 육신은 진짜였기 때문입니다. '죄 있는 육신의 모양으로'입니다. 예수님의 육신은 죄가 없었을 뿐 아니라 진짜였기 때문입니다. 하나님은 또한 자신의 아들을 '죄로 말미암아' 보내셨습니다. '페리하마르티아스'라는 이 헬라어는 일반적으로 하나님의 아들이 죄의 문제를 다루기 위해 오셨음을 나타내는 것 같습니다. 이 단어는 그분의 죽음과 관련해 '죄를 위한 제물로서'라는 특수한 뜻으로 사용됩니다. 칠십인역(LXX)에서는 이 단어가 이런 의미로 빈번히 사용되었습니다.

예수 그리스도가 '죄를 위한 제물로서' 죽으셨던 방식은 그 다음 절에 설명되어 있습니다. "(하나님이) 육신에 죄를 정하사"(3절). 곧 하나님은 예수의 육신 안에서-진짜 육신, 죄 없는 육신, 그러나 우리 죄와 함께 죄가 된 육신 (고후 5:21)-죄를 심판하셨다는 뜻입니다.

그렇다면 하나님은 왜 그렇게 하셨을까요? 그 이유는

우리를 의롭게 하기 위해서뿐만 아니라 육신을 따르지 않고 그 영을 따라 행하는 우리에게 율법의 요구가 이루어지게 하려 하셨기 때문입니다(4절). 이 본문은 우리에게 세 가지 중요한 진리를 가르쳐 줍니다.

첫째, **거룩은 그리스도의 성육신과 죽으심의 목적**이라는 것입니다. 성경은 하나님이 율법의 의가 우리 안에 이루어지도록 하기 위해 자신의 아들을 죄 있는 육신의 모양으로 보내시고(성육신), 육신 안에서 죄를 심판하셨다고(속죄) 말합니다. 하나님은 거룩함이 우리 안에 나타나도록 하기 위해 그리스도 안에서 죄를 심판하셨습니다.

둘째, **거룩은 율법의 의, 곧 율법의 '의로운 요구' 안에 있다**는 것입니다. 이것이 4절에 나옵니다. 이 구절은 그리스도인에게는 율법이 폐기되었다고 말하는 율법 폐기론자들과 '새로운 도덕'을 말하는 이들의 주장이 성경적이지 않음을 분명하게 보여 주는 중요한 구절들 중 하나입니다. 율법이 폐지되기는커녕 하나님은 율법의 의가 우리에게 '이루어지게' 하기 위해 그분의 아들을 보내셨습니다. 그래서 율법에 대한 순종-이는 우리의 칭의의 근거가 아닙니다-이 그 열매로 나타나는 것입니다.

셋째, **거룩은 성령의 사역**이라는 것입니다. 율법의 정당한 요구는 우리가 성령을 따라 행할 때에만 성취되기 때문입니다. 우리 안에 거하는 육신으로 인해 우리가 율법을 지킬 수 없음을 우리는 로마서 7장에서 이미 살펴보 았습니다. 그러므로 우리가 율법을 이룰 수 있는 유일한 길은 하나님의 능력으로, 그리고 하나님의 통제 아래, '육신을 따르지 않고 그 영을 따라 행하는' 것입니다.

그리스도인의 성화에 관한 이 세 가지 중요한 진리는, 우리가 왜 거룩해져야 하는지, 거룩이란 무엇이며, 어떻게 거룩하게 되는지에 관해 가르쳐 줍니다. 우리는 그리스도의 오심과 죽으심 때문에 거룩해져야 합니다. 거룩함이란 율법의 의, 곧 하나님의 율법에 표현된 하나님의 뜻에 순종하는 것입니다. 그리고 거룩함의 수단은 성령의 능력입니다.

우리는 지금까지 고찰한 길고도 복잡한 이번 단락 (7:1-8:4)을 되돌아볼 필요가 있습니다. 나는 이 단락에 '율법으로부터의 자유'라는 제목을 붙였습니다. 동시에 '율법의 성취'라는 제목을 붙일 수도 있습니다. 이 두 가지 진리를 본문이 모두 가르치고 있기 때문입니다. 본 단락은 율법으로부터의 해방을 말하는 진술, "이제는 우리가… 율법에서 벗어났으니"(7:6)로 시작해, 율법을 지킬 의무가 있다는 진술, "우리에게 율법의 요구가 이루어지게 하려 하심"(8:4)으로 끝납니다. 나아가, 우리의 해방과 의무는 모두 그리스도의 죽으심 덕분이라고 합니다(7:4; 8:3,4). 여기서 어떤 사람은 이렇게 반문할지도 모르겠습니다. "그것은 모순이다. 율법으로부터 해방되는 것과 율법을 지킬 의무가 어떻게 동시에 일어날 수 있단 말인가?" 이 역설은 해결하기가 어렵지 않습니다. 우리는 하나님께 용납되는 방법으로서 율법에서 해방된 것이고, 거룩하게 되는 방법으로서 율법을 지킬 의무를 갖게 된 것입니다. 율법이 칭의의 근거로서는 더 이상 우리를 속박하지 못합니다. 우리는 법 아래 있지 않고 은혜 아래에 있기 때문입니다. 그러나 율법이 행위의 표준으로서는 여전히 구속력이 있으며, 우리는 성령을 따라 행함으로써 율법을 성취하려고 합니다. 성령을 따라 행한다는 것이 무엇을 의미하며, 성령을 따라 행하려면 어떻게 해야 하는지를 알기 위해 이제 우리는 8장의 다음 부분을 살펴보아야 합니다.

4장

로마서 8:5-39
—
성령 안에서의 삶

그리스도인이 받는 네 번째 특권은 성령 안에서의 삶입니다. 앞 장들에서는 성령이 별로 언급되지 않았고, 특히 6장에서는 전혀 언급되지 않았습니다. 5장에서는 하나님의 사랑을 우리 마음에 부으신 분으로 단 한 차례 성령이 언급될 뿐이었습니다(5절). 7장에서는 우리의 종의 신분이 외적인 법규가 아니라 우리 안에 거하시는 성령에 대한 것이라고 말하는 구절에서 단 한 차례 등장합니다(7절). 그러나 8장에서는 성령이 전면에 등장합니다.

그리스도인의 삶, 곧 의롭다 하심을 얻은 신자의 삶은 본질적으로 성령 안에서의 삶, 곧 성령에 의해 생명을 얻고, 유지되고, 인도되며, 풍성하게 되는 삶으로 묘사됩니다. 이번 장에서 성령의 사역은 특히 네 가지 영역에 걸쳐 묘사되어 있습니다. 첫째, 우리의 육신, 곧 우리의 타락한 본성과 관련해서. 둘째, 우리의 아들 됨, 곧 하나님의 양자 됨과 관련해서. 셋째, 마지막 날에 있을 우리 몸의 구속을 포함한 우리의 궁극적인 유업과 관련해서. 넷째, 우리가 연약하다고 인정해야 할 우리의 기도와 관련해서.

이와 같은 네 가지 영역에서의 성령의 은혜로운 사역을 우리는 다음과 같이 요약할 수 있습니다. 그분은 우리의 육신을 정복하신다(5-13절). 그분은 우리의 아들 됨을 증언하신다(14-17절). 그분은 우리의 유업을 보증하신다(18-25절). 그분은 우리의 연약한 기도를 도우신다(26-27절). 그리고 나서 이번 장은 하나님의 목적은 결코 저지할 수 없으며, 그렇기 때문에 하나님의 사람은 영원히 절대로 안전하다는 장엄한 선언으로 끝이 납니다.

I. 성령의 사역(8:5-27)

5육신을 따르는 자는 육신의 일을, 영을 따르는 자는 영의 일을 생각하나니 6육신의 생각은 사망이요 영의 생각은 생명과 평안 이니라 7육신의 생각은 하나님과 원수가 되나니 이는 하나님의 법에 굴복하지 아니할 뿐 아니라 할 수도 없음이라 8육신에 있는 자들은 하나님을 기쁘시게 할 수 없느니라 9만일 너희 속에 하나님의 영이 거하시면 너희가 육신에 있지 아니하고 영에 있나니 누구든지 그리스도의 영이 없으면 그리스도의 사람이 아니라 10또 그리스도께서 너희 안에 계시면 몸은 죄로 말미암아 죽은 것이나 영은 의로 말미암아 살아 있는 것이니라 11예수를 죽은 자 가운데서 살리신 이의 영이 너희 안에 거하시면 그리스도 예수를 죽은 자 가운데서 살리신 이가 너희 안에 거하시는 그의 영으로 말미암아 너희 죽을 몸도 살리시리라 12그러므로 형제들아 우리가 빚진 자로되 육신에게 져서 육신대로 살 것이 아니니라 13너희가 육신대로 살면 반드시 죽을 것이로되 영으로써 몸의 행실을 죽이면 살리니 14무릇 하나님의 영으로 인도함을 받는 사람은 곧 하나님의 아들이라 15너희는 다시 무서워하는 종의 영을 받지 아니하고 양자의 영을 받았으므로 우리가 아빠 아버지라고 부르짖느니라 16성령이 친히 우리의 영과 더불어 우리가 하나님의 자녀인 것을 증언하시나니 17자녀이면 또한 상속자 곧 하나님의 상속자요 그리스도와 함께 한 상속자니 우리가 그와 함께 영광을 받기 위하여 고난도 함께 받아야 할 것이니라 18생각하건대 현재의 고난은 장차 우리에게 나타날 영광과 비교할 수 없도다 19피조물이 고대하는 바는 하나님의 아들들이 나타나는 것이니 ²⁰피조물이 허무한 데 굴복하는 것은 자기 뜻이 아니요 오직 굴복하게 하시는 이로 말미암음이라 ²¹그 바라는 것은 피조물도 썩어짐의 종 노릇 한 데서 해방되어 하나님의 자녀들의 영광의 자유에 이르는 것이니라 ²²피조물이 다 이제까지 함께 탄식하며 함께 고통을 겪고 있는 것을 우리가 아느니라 ²³그뿐 아니라 또한 우리 곧 성령의 처음 익은 열매를 받은 우리까지도 속으로 탄식하여 양자 될 것 곧 우리 몸의 속량을 기다리느니라 ²⁴우리가 소망으로 구원을 얻었으매 보이는 소망이 소망이 아니니 보는 것을 누가 바라리요 ²⁵만일 우리가 보지 못하는 것을 바라면 참음으로 기다릴지니라 ²⁶이와 같이 성령도 우리의 연약함을 도우시나니 우리는 마땅히 기도할 바를 알지 못하나 오직 성령이 말할 수 없는 탄식으로 우리를 위하여 친히 간구하시느니라 ²⁷마음을 살피시는 이가 성령의 생각을 아시나니 이는 성령이 하나님의 뜻대로 성도를 위하여 간구하심이니라

우리의 육신을 정복하시는 성령(8:5-13)

우리가 앞서 고찰했던 4절은 우리가 '육신을 따르지 않

고 그 영을 따라 행하면', 곧 성령의 충동을 따르고 그분의 통제에 순종하면 '율법의 정당한 요구'가 그리스도인의 삶에서 이루어진다고 말합니다. 이제 사도는 그 이유에 대해 설명합니다. 그것은 우리의 마음과 중요한 관계가 있습니다. 우리의 행함은 우리의 마음에 달려 있으며, 우리의 행위는 우리의 사고방식에 달려 있습니다. "무릇 그 마음의 생각이 어떠하면 그의 사람됨도 그러하니…"(잠 23:7, 새번역). 그의 행위도 마찬가지입니다. 우리의 생각이 우리의 행위를 지배합니다.

이것이 사도 바울이 5절에서 말하는 것입니다. "육신을 따르는 자는 육신의 일을, 영을 따르는 자는 영의 일을 생각하나니." 그래서 성령을 따라 행할 때에라야 율법이 성취되는 것입니다. 육신 또는 영의 일을 '생각한다'는 말은 육신의 일 또는 영의 일에 몰두한다는 뜻입니다. 다시 말하면, 우리의 전심, 곧 우리의 야망과 우리의 관심을 집중한다는 뜻입니다. 우리의 시간과 돈과 에너지를 어떻게 사용하느냐의 문제입니다. 이것이 '생각한다'는 말의 의미입니다.

6절은 이러한 두 가지 사고방식의 결과를 묘사합니다. "육신의 생각은 사망이요, 영의 생각은 생명과 평안이니라."'사망할 것이다'가 아니라 '사망'이라고 말합니다. 왜냐하면 그런 생각은 죄를 낳고, 따라서 하나님으로부터 분리되는데, 이것이 사망이기 때문입니다. 그러나 '영의 생각은 생명과 평안'입니다. 그것은 거룩함을 낳고, 하나님과의 지속적인 교제에 이르게 하는데, 이것이 '생명'과 '평안'을 가져오기 때문입니다. 전자는 하나님과의 평화를, 후자는 우리 내면의 평안, 곧 조화로운 상태를 말합니다. 거룩한 길이 생명과 평안의 길임을 확신할 때, 우리는 더욱 열심히 거룩함을 추구할 것입니다. 바로 이것이 진리입니다. 생명과 평안에 이르는 다른 길은 없습니다.

이와는 반대로 육신의 생각은 사망과 전쟁을 가져옵니다. "육신의 생각은 하나님과 원수가 되나니 이는 하나님의 법에 굴복하지 아니할 뿐 아니라 할 수도 없음이라 육신에 있는 자들은 하나님을 기쁘시게 할 수 없느니라" (7-8절). 그들이 하나님을 기쁘시게 할 수 없는 이유는, 하나님을 기쁘시게 하는 유일한 방법이 그분의 법에 굴복하고 그것을 따르는 것이기 때문입니다. 따라서 육신의 생각은 하나님의 법과 원수가 되고 율법에 굴복하지 않는데 반해, 영의 생각은 하나님의 법과 친구가 되고 율법을 즐거워합니다.

여기에 두 부류의 사람들(육신 안에 있는 자들과 영 안에 있는 자들)이 있습니다. 그들은 두 가지 사고방식(육신의 생각과 영의 생각)을 갖고 있고, 이는 두 가지 행동방식(육신을 따라 행하는 것과 영을 따라 행하는 것)을 낳고, 결국 두 가지 영적 상태(죽음과 생명)로 귀결됩니다. 우리가 육신 안에 있다면, 우리는 육신의 일을 생각하게 되고 육신에 따라 행하여 사망에 이를 것입니다. 그러나 우리가 성령 안에 있다면, 우리는 영의 일을 생각하고 영을 따라 행하므로 생명에 이릅니다. 우리가 어떤 존재인가에 따라 우리의 생각이 결정되고, 우리가 어떻게 생각하느냐에 따라 우리의 행위가 결정됩니다. 그리고 우리의 행위에 따라 하나님에 대한 우리의 관계, 곧 죽음과 생명이 결정됩니다. 여기서 우리는 얼마나 많은 것들이 우리의 마음 또는 생각에 달려 있는지를 보게 됩니다. 우리가 마음을 어디에 두고 있으며, 마음을 무엇으로 채우며, 마음을 무엇에 집중하는지가 그렇게 중요한 것입니다.

9절에서 사도는 지금까지 일반적인 용어로 설명했던 진리를 독자들에게 적용하고 있습니다. 사도 바울은 방금 '육신에 있는 자들은 하나님을 기쁘시게 할 수 없다'(8절)라고 썼습니다. 이제 그는 '만일 너희 속에 하나님의 영이 거하시면 너희가 육신에 있지 아니하고 영에 있나니, 누구든지 그리스도의 영이 없으면 그리스도의 사람이 아니다'라고 말합니다. 이 구절에 나오는 동의어들을 주목하십시오. 첫째, '하나님의 영'과 '그리스도의 영'. 둘째, '영 안에 있다'와 '우리 속에 영이 거하다'. 이는 동일한 경험을 보는 두 가지 방식입니다. 셋째, '우리 속에 영이 거하다'(9절)와 '그리스도께서 우리 안에 계시다'(10절)가 그것입니다.

이러한 교훈적인 동의어와는 별도로 9절은 매우 중요한 구절입니다. 이 구절은 진정한 그리스도인이란 성령이 그 안에 거하는 사람이며, 이것이 그리스도인과 비그리스도인을 구분하는 가장 두드러진 특징이라고 분명하게 말합니다. 7장에서 두 번(17, 20절)이나 '우리 안에 거하는 죄'에 대해 언급했던 사도는 이제 우리 안에 거하는 영에 대해 말하고 있습니다. 우리 안에 거하는 죄는 아담의 모든 후손들의 운명입니다. 그러나 하나님의 자녀는 우리 안에 있는 죄와 싸워서 그것을 정복할 내주하는 영, 곧 성령을 소유하고 있습니다. "누구든지 그리스도의 영이 없으면 그리스도의 사람이 아니라"(8:9).

10, 11절은 그 영이 우리 안에 거하실 때 큰 결과를 초래한다고 말합니다. 두 구절은 모두 '만일'이란 단어로 시

작합니다. "(만일) 그리스도께서 너희 안에 계시면…"(11절), "(만일) 예수를 죽은 자 가운데서 살리신 이의 영이 너희 안에 거하시면…"(12절). 그의 영으로 말미암아 그리스도가 우리 안에 거하게 될 때 어떤 결과가 생깁니까? 현세에서는 우리의 영이, 그리고 마지막 날에는 우리의 몸이 생명을 얻게 됩니다. 성령은 생명의 영이시기 때문입니다. 그분은 주님이고, 생명을 주시는 분입니다. 따라서 10절은 우리에게 이렇게 말합니다. "그리스도께서 너희 안에 계시면 몸은 죄로 말미암아 죽은 것이나 영은 의로 말미암아 살아 있는 것이니라." 비록 우리의 몸은 죽을 운명이지만 우리의 영은 살아 있습니다. 성령이 지금 여기서 우리의 영에 생명을 주시기 때문입니다. 아담의 죄로 말미암아 우리는 육체적으로 죽지만, 그리스도의 의로 말미암아 우리는 영적으로 삽니다.

나아가, 비록 지금은 우리의 영만 살지만(우리의 몸은 죽을 운명이라 죽어야 하지만) 마지막 날에는 우리의 몸도 살 것입니다. "예수를 죽은 자 가운데서 살리신 이의 영이 너희 안에 거하시면 그리스도 예수를 죽은 자 가운데서 살리신 이가 너희 안에 거하시는 그의 영으로 말미암아 너희 죽을 몸도 살리시리라"(11절). 우리는 여기서 삼위일체의 세

위격이 언급되고 있음을 주목할 필요가 있습니다. 그리스도를 죽은 자 가운데서 살리신 하나님이 우리의 몸을 살리실 것입니다. 왜 그럴까요? 성령이 우리 안에 거하시어 우리 몸을 거룩하게 하시기 때문입니다. 그러면 어떻게 거룩하게 하실까요? 그 안에 거하시는 동일한 성령의 능력으로 거룩하게 하십니다. 이렇듯 이미 우리의 영에 생명을 주신 성령은 마지막 날에 우리의 몸도 살리실 것입니다.

12절, "그러므로 형제들아 우리가 빚진 자로되 육신에게 져서 육신대로 살 것이 아니니라"라는 말씀에서 사도는 문장을 완결하지 않은 채 갑작스레 중단합니다. 만일 사도가 이 문장을 완결했다면 분명 우리는 영에 대해 빚진 자들이며, 그렇기 때문에 우리는 영을 따라 살아야 한다고 말했을 것입니다.

성령에 대해 '빚진 자'라는 이 생각은 매우 흥미롭고 경이로운 표현이 아닐 수 없습니다. 이 말은 우리에게 거룩해야 할 의무가 있다는 것입니다. 그리스도인으로서 우리는 그 신분과 특권에 걸맞게 살고 이에 모순되는 행동은 하지 않아야 할 의무가 있습니다. 특별히, 우리가 성령 안에서 산다면, 우리는 성령에 따라 행할 의무가 있는 것입니다.

이것이 바울의 논리입니다. 만일 성령이 우리에게 생명을 주시는 분이며 우리 안에 거하신다면, 우리는 육신을 따라 살 수 없을 것입니다. 왜냐하면 육신을 따르는 길은 죽음에 이르기 때문입니다. 우리 자신의 신분과 우리의 행위 사이의 모순과 생명의 소유와 죽음의 자초 사이의 불일치란 도무지 생각할 수 없는 것이기 때문입니다. 우리는 살아 있습니다. 다시 말해, 우리의 영은 살아 있습니다. 성령이 우리에게 생명을 주셨기 때문입니다. 그렇기 때문에 우리는 우리에게 생명을 주신 성령에 빚진 자들인 것입니다. 그리고 우리는 이러한 새 생명을 위협하는 것은 무엇이든지 특히 '몸의 행실'을 성령의 능력으로 죽여야 합니다. 우리는 오직 '몸의 행실'을 죽임으로써만 살게 될 것입니다. 말하자면, 성령이 우리에게 주신 생명을 지속적으로 누릴 수 있게 될 것입니다.

이것이 13절이 우리에게 제시하는 준엄한 선택안입니다. 사도는 말합니다. "너희가 육신이 번성하게 하고 번창하게 해서 그것을 살게 하면 너희는 반드시 죽을 것이다. 그러나 너희가 몸의 행실을 죽음에 처하게 하여 그것을 죽이면 너희는 반드시 살 것이다." 따라서 우리는 각자 이 생명의 길과 이 사망의 길 가운데 하나를 선택해야 합니다. 그러나 바울의 논점은 여기에는 선택의 여지가 없다는 것입니다. "우리는 빚진 자들이다! 우리는 올바른 선택을 해야 할 의무가 있다. 만일 성령이 우리의 영에 생명을 주셨다면, 우리에게 주신 생명을 계속 유지하기 위해 우리는 몸의 행실을 반드시 죽여야 한다."

이번 단락을 돌아볼 때, 우리는 사도 바울의 생각이 발전하고 있음을 볼 수 있습니다. 그 배경은 두 부류의 사람들, 곧 육신에 속한 사람들(중생하지 못한 사람들)과 영에 속한 사람들(중생한 사람들)이 있다는 것입니다. 9, 10절에서 로마의 그리스도인들에게 한 사도의 말은 다음과 같은 의미입니다. "이제 너희는 후자에 속하는 사람들이다. 하나님의 영이 너희 안에 거하시니 너희는 더 이상 육신에 속하지 않고 영에 속해 있다. 나아가, 그리스도께서 그의 영을 통해 너희 안에 거하시니 너희는 살아 있는 것이다."

이로 인해 우리는 모든 그리스도인에게 해당하는 두 가지 확실한 사실을 알게 됩니다. 첫째, 우리 안에 성령께서 거하신다. 둘째, 성령께서 우리를 살리셨기 때문에 우리의 영은 살아 있다. 따라서 우리는 육신이 아니라 성령에 대해 빚진 자들이다. 우리는 마땅히 우리의 신분에 걸맞는 존재가 될 의무, 곧 우리의 성품에 맞게 행동하고,

우리 안에 있는 성령의 생명에 어울리지 않는 것은 결코 하지 않고, 오직 이 생명을 양육하고 성장시켜야 할 엄중한 의무를 갖고 있습니다!

좀 더 구체적으로 말하면, 우리가 고결한 존재가 되고 우리의 빚을 청산하려면 신학적으로 '죄 죽임'(mortification)과 '열망'(aspiration)이라 불리는 두 과정을 거치게 될 것입니다. 우리의 몸 또는 육신의 행실을 죽이는 것, 이를 신학적으로 죄 죽임이라고 합니다. 그리고 영의 일을 생각하는 것, 이것을 열망이라고 합니다.

성령의 능력으로 몸의 행실을 죽이는 죄 죽임은 우리가 틀렸다고 생각하는 모든 습관을 단호하게 버리는 것을 의미합니다. 매일의 회개, 즉 모든 악한 습관과 버릇, 관계와 생각으로부터 돌아서는 것입니다. 눈과 손과 발을 통해 유혹이 온다면, 우리의 눈과 손과 발을 잘라내는 것을 의미합니다. 육신에 대해 우리가 취할 유일한 자세는 그것을 죽이는 것입니다.

우리의 생각을 영의 일에 몰두하는 열망은 "무엇에든지 참되며 무엇에든지 경건하며 무엇에든지 옳으며 무엇에든지 정결하며 무엇에든지 사랑 받을 만하며 무엇에든지 칭찬 받을 만한 것"(빌 4:8)에 생각과 에너지와 야망을 쏟는 등 우리의 전심을 바치는 것을 의미합니다. 여기에는 기도, 성경 읽기, 친교, 예배, 성찬 등과 같은 '은혜의 방편'을 부지런히 활용하는 것이 포함됩니다. 이 모든 것이 우리가 영의 일에 마음을 둔다는 것, 즉 영의 일을 생각한다는 것에 포함되어 있습니다.

죄 죽임과 열망은 현재형으로 표현되는데, 그 이유는 이 두 가지가 우리가 삶에서 끊임없이 취하고 유지해야 할 태도이기 때문입니다. 우리는 몸의 행실을 끊임없이 죽여야 합니다. "… 누구든지 나를 따라오려거든 자기를 부인하고 자기 십자가를 지고 나를 따를 것이니라"(마 16:24). 우리는 중단 없이 영의 일에 우리의 마음을 두어야 합니다.

죄 죽임과 열망이 공통적으로 갖고 있는 것은 이뿐이 아닙니다. 가장 완전한 의미에서 죄 죽임과 열망에 생명의 비결이 있습니다. 죄 죽임이라 불리는 죽음이 없이는 참된 생명이 없으며, 열망이라 불리는 훈련 없이는 참된 생명이 없습니다. 우리는 오직 몸의 행실을 죽이는 동안에만 살게 될 것입니다(13절). 우리의 마음을 영의 일에 둘 동안에만 생명과 평안을 얻게 됩니다(6절). 그래서 우리가 성령의 능력으로 육신을 죽이고 우리의 마음을 영의 일에 둘 때, 성령이 우리의 육신을 정복하시는 것입니다.

우리의 자녀 됨을 증언하시는 성령(8:14-17)

이 단락은 성령의 사역을 계속해서 강조하지만, 그리스도인의 신분과 특권을 다른 말로 표현합니다. "영으로써 몸의 행실을 죽이면 살리라"(13절)라고 말한 사도는, 이제 14절에서 "무릇 하나님의 영으로 인도함을 받는 사람은 곧 하나님의 아들이라"라고 말합니다. 이 두 문장은 병행 관계에 있습니다. 13절은 생명과 관련해서, 14절은 양자 됨과 관련해 말하지만, 두 구절 모두 성령의 활동에 대해 말하고 있기 때문입니다.

'아들'이란 말이 우리와 하나님의 친밀한 관계를 얼마나 잘 묘사하고 있는지 모릅니다! 하나님께 가까이 나아감과 하나님 아버지와의 교제, 이러한 것들이 그분의 자녀의 특권입니다. 그러나 모든 사람이 하나님의 자녀인 것은 아닙니다. 14절은 이 신분을 성령의 인도를 받는 자들, 곧 성령에 의해 의의 좁은 길을 따라 걷는 자들로 의도적으로 제한합니다. 성령의 인도를 받는다는 것과 하나님의 아들이라는 것은 사실 같은 의미입니다. 하나님의 영의 인도를 받는 자들은 모두 하나님의 아들이기에, 하나님의 아들인 자들은 모두 하나님의 영의 인도를 받습니다.

이는 다음 구절에서 더욱 분명해집니다. 15절은 우리가 이미 받은(부정과거형, 우리의 회심을 가리킨다) 영, 곧 종의 영이 아닌 양자 또는 아들의 영에 대해 말합니다. 우리가 믿을 때 받은 성령은 우리를 종이 아니라 아들이 되게 합니다. 그분은 우리를 두려움에 떠는 종으로 부르시지 않았습니다. 그분은 우리에게 아들이라는 새로운 신분을 주셨고, 이로써 우리는 아버지 하나님께 나아갈 수 있게 되었습니다. 그뿐만 아니라, 15, 16절은 그분이 우리에게 주신 신분을 다음과 같이 확신시켜 줍니다. 개정표준역성경(RSV)의 번역은 이렇습니다. "우리가 '아바 아버지'(주 예수께서 하나님께 드린 친밀한 기도에서 사용했던 말)라 부르짖을 때, 우리 영으로 더불어 우리가 하나님의 자녀인 것을 증언하시는 분은 성령 자신이십니다." 이 번역은 우리가 기도할 때, 성령의 내적인 증언이 우리에게 주어진다는 것을 보여 줍니다. 기도를 통해 하나님께 나아갈 때에, 하나님과 우리의 관계가 부모와 자식의 관계, 즉 우리가 하늘 아버지의 자녀임을 알 수 있다고 말하는 것입니다. 그리고 우리의 영이 하나님과 교제할 때, 성령이 우리의 영과 더불어 우리가 하나님의 자녀임을 증언하신다고 말합니다.

"자녀이면 또한 상속자 곧 하나님의 상속자요 그리스

도와 함께 한 상속자니 우리가 그와 함께 영광을 받기 위하여 고난도 함께 받아야 할 것이니라"(17절). 5장에서와 마찬가지로 여기서 다시 고난은 영광에 이르는 길로 묘사됩니다. 우리가 고난을 '그리스도와 함께' 받는다는 것에 주목해야 합니다. 그리스도인의 삶은 그리스도와 하나 되는 삶입니다. 우리가 그리스도와 아들이라는 신분을 공유한다면, 우리는 영광 가운데 그의 유업도 공유할 것입니다. 그러나 그의 영광을 공유하려면 우리는 먼저 그의 고난에 동참해야 합니다.

우리의 유업을 보증하시는 성령(8:18-25)

이 단락의 주제는 17절에서 언급했던 현재의 고난과 미래의 영광 사이의 대조입니다. 사도는 이 둘이 결코 비교의 대상이 아니라는 말로 이 단락을 시작합니다. 이 둘은 비교의 대상이 아니라 대조되어야 한다는 것입니다. 왜냐하면 미래의 영광은 현재의 고난을 훨씬 뛰어넘기 때문입니다. 그는 장엄하고도 우주적인 배경을 깔고 이것을 설명하고 있습니다. 이 단락의 나머지 부분에서 모든 피조물과 새로운 피조물, 곧 교회가 현재의 고난과 장래의 영광에 어떻게 함께 참여하고 있는지를 보여 줍니다. 두 가지 피조물(옛것과 새것, 물리적인 것과 영적인 것, 자연과 교회)이 현재 함께 고난을 받고 있지만, 결국은 함께 영광의 자리에 이르게 될 것이라고 말입니다. 창세기 3장이 말하는 것처럼 자연도 인간의 저주를 함께 받았듯이 장차 인간과 함께 영광을 받게 될 것입니다. 피조물이 간절히 고대하는 구속함을 받게 될 때는 바로 '하나님의 아들들이 나타날' 때입니다(19절).

피조물(19-22절). 이 본문에서 '피조물'이란 단어가 각 구절마다 한 번씩, 모두 네 번 나옵니다. 여기서 피조물이 당하고 있는 현재의 고난을 어떻게 묘사하고 있는지 주목해 보십시오. "피조물이 허무한 데 굴복하는 것은 자기 뜻이 아니요 오직 굴복하게 하시는 이로 말미암음이라"(20절), "피조물도 썩어짐의 종 노릇 한 데서…"(21절), "피조물이 다 이제까지 함께 탄식하며 함께 고통을 겪고 있는 것을…"(22절). '허무'란 말(20절)은 '공허함', '덧없음', '무익함' 등을 뜻하는 단어입니다. 이는 칠십인역성경의 번역자들이 전도서의 "헛되고 헛되며… 모든 것이 헛되도다"라는 구절을 번역할 때 택했던 단어이고, C. J. 본은 "전도서 전체는 이 구절에 대한 주석이다"라고 말합니다.

하나님에 의해 피조물이 굴복하게 된 허무 또는 헛됨은 다음 절(21절)에서 '썩어짐의 종노릇'으로 수명이 줄고 있는 우주에서 끊임없이 반복되는 탄생과 성장, 쇠퇴와 죽음의 순환 과정에 사로잡혀 있는 것으로 설명되고 있습니다. 나아가, 거기에는 문자적으로든 비유적으로든 고통이 수반됩니다. 허무함, 썩어짐, 고통은 피조물이 현재 겪는 고난을 묘사하기 위해 바울이 사용하는 단어들입니다.

하지만 그 고난은 한시적일 뿐입니다. 자연이 현재 당하고 있는 고난이 결국 장래의 영광으로 이어질 것이기 때문입니다. 이것이 바로 각 구절이 강조하고 있는 바입니다. "피조물이 허무한 데 굴복하는 것은 자기 뜻이 아니요 오직 굴복하게 하시는 이로 말미암음이라 그 바라는 것은 피조물도 썩어짐의 종 노릇 한 데서 해방되어 하나님의 자녀들의 영광의 자유에 이르는 것이니라"(20-21절). '종노릇'은 자유로, 썩어짐과 부패는 불멸의 영광으로 대체될 것입니다. 우리가 그리스도의 영광을 함께 나누게 되어 있다면, 피조물도 우리의 영광을 함께 나누게 될 것입니다.

피조물의 탄식과 고통은 이제 22절에서 '해산의 고통'으로 비유됩니다. 바울은 현재의 고난을 미래의 영광과 결합시킵니다. 피조물의 탄식과 고통은 아무런 의미가 없거나 헛된 것이 아니라, 새로운 질서를 낳을 때 필연적으로 경험하게 되는 고통이라는 것입니다(참고. 마 24:8).

교회(23-25절). 여기서 주제가 피조물에서 하나님의 새로운 피조물인 교회로 전환되는 것을 봅니다. 바울이 화제를 바꾸고 있는 것입니다. 바로 앞 구절에서 모든 피조물이 신음하고 있다고 말했던 바울은 이제 "그뿐 아니라 또한 우리 곧 성령의 처음 익은 열매를 받은 우리까지도 속으로 탄식하여 양자 될 것, 곧 우리 몸의 속량을 기다리느니라"라고 말합니다(23절). 우리가 다른 피조물과 함께 나누는 이 내면의 탄식은 무엇일까요? 사도가 언급하고 있는 현재 당하고 있는 교회의 고난이란 도대체 무엇일까요? 그것은 박해가 아니라 우리가 반쯤밖에 구원받지 못했다는 사실입니다!

이것은 우리가 아직 온전히 구원을 받지 못했다는 뜻입니다. 우리의 영혼은 구속받았지만 우리의 몸은 아직 그렇지 못합니다. 그렇기 때문에 우리는 우리의 몸의 구속을 기다리면서 계속 탄식하고 있는 것입니다. 우리가 탄식하는 이유는 무엇일까요? 우리의 몸이 연약하고, 피로와 질병과 고통을 면할 수 없고, 죽을 수밖에 없는 운명이기 때문입니다. 이것이 사도가 고린도후서 5장 2-4절에서 "참으로 우리가 여기 있어 탄식하며 하늘로부터 오는 우리 처소로 덧입기를 간절히 사모하노라… 이 장막에 있는 우리가 짐 진 것같이 탄식하는 것은…"이라고 말할 때 염두에 두었던 것입니다. 그러나 우리를 탄식하게 하는 것은 우리의 연약한 몸만이 아닙니다. 우리를 탄식하게 만드는 것이 또 있습니다. 그것은 바로 '육신', 곧 우리의 타락한 본성입니다. 우리로 하여금 "오호라. 나는 곤고한 사람이로다. 이 사망의 몸에서 누가 나를 건져내랴"라고 울부짖게 만드는 것은 바로 이 '우리 속에 거하는 죄'입니다(7:17, 20). 이것이 '성령의 처음 익은 열매를 맺은 우리까지도 속으로 탄식하게' 만듭니다.

그런즉 우리를 속으로 탄식하게 만드는 것은 우리의 육체적 연약함과 우리의 타락한 본성입니다. 그렇기 때문에 우리는 두 가지 짐을 벗게 될, 즉 우리의 연약한 몸이 변화되고, 우리의 타락한 본성이 제거될 장래의 영광을 간절히 열망하는 것입니다.

우리가 장차 받게 될 영광은 이중적으로 나타날 것입니다. 무엇보다 먼저 우리 몸이 구속될 것입니다. 우리는 마지막 날에 새로운 몸을 입어 현재 우리가 짊어지고 있는 연약한 몸과 타락한 '육신'으로부터 해방될 것입니다. 우리의 연약한 몸은 놀라운 능력으로 부활의 옷을 입어 새롭게 되고, 죄가 우리 속에 거하지 못하게 될 것입니다.

우리가 미래에 받게 될 또 다른 영광은 '양자 됨'입니다. 23절의 '양자'란 헬라어 단어는 15절에서 나오는 것과 같은 단어입니다. 어느 의미에서 우리는 이미 하나님의 양자가 되었습니다. 하지만 다른 의미에서는 우리가 여전히 그분의 자녀로 입양될 날을 기다리고 있습니다. 현재의 양자 됨이 불완전하기 때문입니다. 다시 말해서, 우리는 아직 몸이나 성품에 있어 하나님의 아들의 형상과 일치하지 않습니다(29절 참고). 우리의 자녀 됨은 아직 공개적으로 드러나지 않았고 인정받지 못했습니다. 그러나 마지막 날에는 사도 바울이 '하나님의 아들들의 나타나는 것'(19절)이라 불렀던 것이 목격될 것입니다. 세상이 아직은 우리를 하나님의 자녀로 알지 못하지만(요일 3:1), 마지막 날에 그것이 분명하게 밝혀질 것입니다. 그때가 되면 우리는 '하나님의 자녀들의 영광의 자유'(21절)를 얻게 될 것입니다. 그리고 피조물도 그 영광을 우리와 함께 얻게 될 것입니다.

우리는 이 영광스러운 미래의 유업에 대해 분명하게 확

신합니다. 무엇을 근거로 그렇게 확신할 수 있을까요? 우리는 이미 '성령의 처음 익은 열매를 받았기' 때문입니다 (23절). 우리는 아직 최종적으로 '양자 될' 날을 기다리고 몸의 구속을 기다리고 있습니다. 그러나 우리는 장차 받을 우리의 완전한 유업에 대한 보증으로 성령을 받았습니다. 아니, 성령은 그것에 대한 보증 이상이십니다. 그분은 우리가 장차 받을 유업의 맛보기입니다. 때때로 바울은 상업적인 비유를 사용해서 성령을 '보증금'이라고 부릅니다. 이는 어떤 물건을 살 때 계약금을 지불하고 나머지는 나중에 치르겠다고 약속하는 '보증금'입니다. 하지만 여기서는 농업적인 비유를 통해 앞으로 있을 온전한 수확물을 미리 맛보는 '처음 익은 열매'로 성령을 묘사합니다.

따라서 양자의 영이자 우리를 하나님의 자녀로 만들고 (15절) 우리의 영과 더불어 우리가 하나님의 자녀들임을 증언하시는 성령은, 우리의 몸이 구속받을 때에 우리가 하나님의 아들로 완전히 입양된다는 것을 보증하는 분입니다.

24-25절은, 우리가 '소망으로 구원을 얻었다'는 말로 이 점을 더욱 강조합니다. 우리는 이미 구원을 얻었지만, 이 구원은 (우리 몸을 포함할) 마지막 날의 완전한 구원을 소

망하며 받은 절반의 구원입니다. 그 소망의 대상은 눈에 보이지 않습니다. 우리는 아직 그것을 볼 수 없습니다. 그러나 우리는 지금 당하는 고난에 구애받지 않고 인내하며 그것을 기다립니다(25절).

기도 중에 우리를 도우시는 성령(8:26-27)

26-27절에는 성령의 또 다른 사역에 관한 말씀이 있습니다. 이 두 구절에서 성령이 무려 네 번이나 언급됩니다. 성령은 '우리의 연약함을 도우시는데', 여기서 말하는 연약함은 어떻게 기도할지 모르는 우리의 무지입니다. 우리는 마땅히 기도할 바를 알지 못하나 성령이 "우리의 연약함을 도우십니다."

우리는 기도와 관련된 성령의 사역을 무시하는 경향이 있습니다. 성경은 우리에게 성자를 통해, 그리고 성령에 의해서만 성부께 나아갈 수 있다고 분명하게 말합니다(엡 2:18). 우리가 기도로 성부 하나님께 나아가기 위해서는 성자 하나님의 중재만큼이나 성령 하나님의 영감이 필요합니다. 이 구절은 우리의 기도 생활에서의 성령의 사역을 더욱 구체적으로 알려 줍니다.

다음과 같은 의미에서 말입니다. 종종 우리는 어떻게 기도할지 몰라서 말없이 탄식만 할 때가 있습니다. E. F. 케반(Kevan)이 말하는 것처럼 "우리의 갈망이 너무나 격심한 나머지 그냥 입을 다물고 있을 때가 종종 있습니다." 또는 우리의 죽을 운명이나 내주하는 죄를 깊이 인식하고 말할 수 없는 한숨으로 탄식하기도 합니다. 말로 표현할 수 없는 이런 탄식이나 신음을 꼭 말로 표현해야 한다는 강박감을 느낄 필요가 없습니다. 오히려 우리가 고뇌에 찬 열망으로 탄식할 때, 이러한 탄식을 불러일으키며, 우리를 위해 중보하는 분이 바로 성령입니다. 우리는 말로 표현할 수 없는 기도를 전혀 부끄러워할 필요가 없습니다. 하나님 아버지는 말이 아닌 탄식으로 나타나는 기도도 모두 아십니다. 그분은 우리의 마음을 살피실 뿐 아니라 우리의 생각도 읽으실 수 있기 때문입니다. 그분은 또한 성령의 생각도 아시는데, 성령은 언제나 하나님의 뜻에 따라 기도하시기 때문입니다. 그렇기 때문에 하늘에 계신 아버지는 성령이 우리 마음에 불러일으키는 기도에 응답하시는 것입니다.

말로 표현되든 되지 않든

기도는 영혼의 간절한 열망,

가슴 속에서 떨리는 숨겨진 불의 움직임

기도는 탄식의 짐,

흐르는 눈물,

아무도 가까이 없을 때

오직 하나님만

우러러보는 눈

—제임스 몽고메리

이제까지 우리는 성령의 네 가지 은혜로운 사역, 곧 성
령이 우리의 육신을 정복하시고, 우리의 양자 됨을 증언
하시며, 우리의 유업을 보증하시고, 기도 중에 우리의 연
약함을 도우신다는 사실을 알게 되었습니다.

II. 아무도 막을 수 없는 하나님의 목적(8:28-39)

²⁸우리가 알거니와 하나님을 사랑하는 자 곧 그의 뜻대로 부르심을 입은 자들에게는 모든 것이 합력하여 선을 이루느니라 ²⁹하나님이 미리 아신 자들을 또한 그 아들의 형상을 본받게 하기 위하여 미리 정하셨으니 이는 그로 많은 형제 중에서 맏아들이 되게 하려 하심이니라 ³⁰또 미리 정하신 그들을 또한 부르시고 부르신 그들을 또한 의롭다 하시고 의롭다 하신 그들을 또한 영화롭게 하셨느니라 ³¹그런즉 이 일에 대하여 우리가 무슨 말 하리요 만일 하나님이 우리를 위하시면 누가 우리를 대적하리요 ³²자기 아들을 아끼지 아니하시고 우리 모든 사람을 위하여 내주신 이가 어찌 그 아들과 함께 모든 것을 우리에게 주시지 아니하겠느냐 ³³누가 능히 하나님께서 택하신 자들을 고발하리요 의롭다 하신 이는 하나님이시니 ³⁴누가 정죄하리요 죽으실 뿐 아니라 다시 살아나신 이는 그리스도 예수시니 그는 하나님 우편에 계신 자요 우리를 위하여 간구하시는 자시니라 ³⁵누가 우리를 그리스도의 사랑에서 끊으리요 환난이나 곤고나 박해나 기근이나 적신이나 위험이나 칼이랴 ³⁶기록된 바 우리가 종일 주를 위하여 죽임을 당하게 되며 도살 당할 양 같이 여김을 받았나이다 함과 같으니라 ³⁷그러나 이 모

든 일에 우리를 사랑하시는 이로 말미암아 우리가 넉넉히 이

기느니라 **38** 내가 확신하노니 사망이나 생명이나 천사들이나

권세자들이나 현재 일이나 장래 일이나 능력이나 **39** 높음이나

깊음이나 다른 어떤 피조물이라도 우리를 우리 주 그리스도

예수 안에 있는 하나님의 사랑에서 끊을 수 없으리라

이제 우리는 지금까지 살펴본 내용의 결론이자 절정에 이르게 되었습니다. 로마서 8장의 마지막 단락(8:28-39)에서 사도 바울은 신약성경 어디에서도 찾아볼 수 없는 최고의 경지로 치닫습니다. 그는 더 이상 성령을 언급하지 않습니다. 의롭다 함을 받은 그리스도인들의 주된 특권인 하나님과의 화평, 그리스도와의 연합, 율법으로부터의 자유, 성령 안에서의 삶을 묘사한 그는 영감을 받아 영원 전부터 영원한 장래에 이르기까지, 그리고 신적 예지(豫知)와 예정으로부터 시작해 그 무엇도 끊을 수 없는 우리를 향한 하나님의 사랑에 이르기까지 하나님의 전반적인 계획을 개관합니다.

사도 바울이 말하려는 요지는 아무도 막을 수 없고 불변하는 하나님의 목적과 그로 말미암는 하나님 백성의 영

원한 안전입니다. 이 놀라운 진리를 우리의 자그마한 머리로는 도무지 소화할 수 없기에 바울은 먼저 다섯 가지 부인할 수 없는 주장을 서술하고(28-30절), 이어 다섯 가지 답변할 수 없는 질문으로 결론을 내립니다(31-39절). 이로써 그는 방금 자신이 표명한 주장들을 반박하는 사람에게 도전합니다.

부인할 수 없는 다섯 가지 주장(8:28-30)

로마서 8장 28절은 가장 잘 알려진 성경 본문 중 하나입니다. "우리가 알거니와 하나님을 사랑하는 자, 곧 그의 뜻대로 부르심을 입은 자들에게는 모든 것이 합력하여 선을 이루느니라." 이 구절에서 우리 그리스도인은 종종 위로를 받습니다. 그런데 여기서 우리는 모든 것이 합력하여 저절로 선을 이룬다고 생각하면 안 됩니다. 오히려, '하나님을 사랑하는 자, 곧 그의 뜻대로 부르심을 입은 자들에게는' 하나님이 모든 것, 즉 앞의 단락들에서 언급된 고통과 탄식을 포함한 모든 것을 합하여 선을 이루게 하시는 것입니다. 그 다음 구절(29-30절)은 하나님이 우리를 부르신 목적과 하나님이 모든 것을 합하여 선을 이루신다는 말의 뜻을 설명해 줍니다. 이 두 가지의 기원을 하나님의 생각에서 찾고 그 절정을 영원한 영광에서 발견합니다. 이는 다섯 가지 단계를 거치는데, 바로 미리 아심(예지), 미리 정하심(예정), 부르심(소명), 의롭다 하심(칭의), 영화롭게 하심(영화)입니다.

첫 번째 단계는 하나님이 '미리 아셨다'(예지)는 것입니다. '미리 안다'라는 말은 일반적으로 어떤 일이 일어나기 전에 안다는 뜻이기 때문에, 여기서도 하나님이 앞으로 믿을 사람들을 미리 내다보셨다는 의미라고 생각하는 사람들이 있습니다. 예지가 하나님의 예정의 기초가 된다고 말입니다. 그의 결정이 그의 판정에 선행한다고 말이지요. 그런데 우리가 여기서 예정의 신비를 캐낼 필요는 없습니다. 하지만 이를 C. J. 본이 매우 정확하게 설명하고 있기에 직접 인용하겠습니다.

결국 구원받는 사람들은 누구나 그의 구원을, 첫 번째 단계부터 마지막 단계까지, 하나님의 은총과 행위 덕분으로 돌릴 수밖에 없다. 여기서 인간의 공로는 철저하게 배제된다. 이렇게 되려면 구원을 입증해 주는 순종이나, 심지어 구원을 자신의 것으로 만드는 믿음보다도 훨씬 이전, 즉 영원 전부터 자신의

모든 사역을 미리 보시고, 미리 정하시는 하나님의 자발적인
은총의 행위로까지 거슬러 올라가야 한다.

두 번째 단계는 예정입니다. 여기서 하나님의 예정의
목적이 편애가 아니라 거룩함, 곧 그리스도를 닮아가는
것임을 주목해야 합니다. 말하자면, 그리스도로 많은 형
제 중에서 맏아들이 되게 하려고 우리로 그 아들의 형상
을 닮아가게 하는 것입니다. 하나님이 태초에 주권적인
은혜로 인간을 자신의 형상을 따라 만드셨듯이, 그분은
다시 주권적인 은혜로 그 아들의 형상을 본받게 하려고
사람들을 예정하신 것입니다.

하나님의 섭리의 세 번째와 네 번째 단계는 소명, 즉
'부르심'과 칭의, 즉 '의롭게 하심'입니다. 하나님의 부르
심은 그의 영원한 예정의 역사적인 성취를 의미합니다.
하나님이 부르시는 자들은 그 부르심에 믿음으로 반응하
고, 믿게 된 그들을 하나님은 의롭게 하셔서 그리스도 안
에서 그분의 소유로 받아들이십니다.

다섯 번째 단계는 영화입니다. 하나님은 자신이 예정
하시고, 부르시고, 의롭게 하신 자들을 부활시켜 하늘나

라에 이르게 하시고, 새로운 세계에서 새로운 몸을 그들에게 입혀 주십니다. 이 구절에서 칭의와 영화 사이에 성화의 과정이 빠져 있지만, F. F. 브루스가 "성화는 이미 시작된 영화이며, 영화는 완성된 성화이다"라고 바르게 지적했듯이, 성화는 영화에 포함되어 있다고 생각해야 합니다. 이 마지막 단계는 너무나 확실하기 때문에, 그것이 미래에 일어날 일이지만 마치 과거에 일어났던 일인 것처럼 바울은 부정과거형, 소위 '예언적 과거형'을 사용해 말하고 있습니다.

이것이 바로 사도 바울의 부인할 수 없는 다섯 가지 주장들입니다. 이는 결코 끊어지지 않는 다섯 개의 연결고리와 같습니다. "하나님이 미리 아신 자들을 또한 그 아들의 형상을 본받게 하기 위하여 미리 정하셨으니… 또 미리 정하신 그들을 또한 부르시고, 부르신 그들을 또한 의롭다 하시고, 의롭게 하신 그들을 또한 영화롭게 하셨느니라." 여기서 하나님은 영원한 예지와 예정으로부터, 역사적 부르심과 칭의를 거쳐, 하늘에 있을 그의 백성들의 최종적 영화에 이르기까지 한 단계 한 단계 이끌어 가시는 분으로 묘사되어 있습니다.

아무도 답변할 수 없는 다섯 가지 질문(31-39절)

31-39절을 시작하는 "그런즉 이 일에 대하여 우리가 무슨 말 하리요?"라는 문장은 사도가 어떤 결론을 내릴 때 사용하는 관용구입니다. 이 관용구는 우리가 앞서 살펴본 장들에서 이미 세 번 사용된 바 있습니다. 이는 "내가 방금 한 말에 비추어 우리가 이제 무슨 말을 하겠는가?"라는 질문입니다. 즉, 29-30절의 다섯 가지 주장에 비추어 볼 때, "우리는 어떻게 결론을 내릴 것인가?" 하는 물음입니다. 이 질문에 대한 바울 자신의 대답은 (답변이 없는) 다섯 가지 질문을 더 던지는 것입니다. "만일 하나님이 우리를 위하시면 누가 우리를 대적하리요?"(31절), "자기 아들을 아끼지 아니하시고 우리 모든 사람을 위하여 내주신 이가 어찌 그 아들과 함께 모든 것을 우리에게 주시지 아니하겠느냐?"(32절), "누가 능히 하나님께서 택하신 자들을 고발하리요?"(33절), "누가 정죄하리요?"(34절), "누가 우리를 그리스도의 사랑에서 끊으리요?"(35절)

사도는 지금 하늘이나 땅이나 지옥에 있는 어떤 피조물이든 그 질문들에 대답해 보라고, 그 질문들이 담고 있는 진리를 부인해 보라고 도전하고 있는 것입니다. 그러나 답변이 있을 수 없습니다. 하나님이 구속하신 백성을 해롭게 할 수 있는 것은 아무것도 없기 때문입니다.

이 질문들의 속 깊은 의미를 이해하려면, 왜 각 질문이 대답을 허용하지 않는지 그 이유를 알아야 합니다. 그 이유는 바로 각 질문에 내포된 주장이 어떤 확고한 진리에 근거를 두고 있기 때문입니다. 그래서 각 질문이 명시적으로나 암시적으로 '만일'로 시작되는 절에 붙어 있는 것입니다.

첫 번째 질문. **"만일 하나님이 우리를 위하시면 누가 우리를 대적하리요?"**(31절) 만약 바울이 단순히 '누가 우리를 대적하리요?'라고 물었다면, 아마도 수많은 답변들이 있었을 것입니다. 우리 앞에는 만만찮은 적들이 서 있기 때문입니다. 우리를 대적하고 있는 것은 어떤 것들일까요? 불신자들이 우리를 대적합니다. 또 우리 안에 거하고 있는 죄가 우리를 습격합니다. 죽음 또한 우리의 적입니다. '사망의 세력을 잡은 자, 곧 마귀'와 '모든 정사와 어둠의 권세들'도 마찬가지입니다(38절). 실제로 세상과 육신과 마귀는 한통속이 되어 우리를 대적하고 있습니다.

하지만 바울은 그렇게 단순하게 질문하지 않습니다. 바울은 '만일 하나님이 우리를 위하신다면', 즉 우리를 미리 아시고, 미리 정하시고, 부르시고, 의롭게 하시고, 영화롭게 하신 바로 그 하나님이 우리를 위하신다면, 누가 우리를 대적할 수 있겠느냐 라고 묻고 있는 것입니다. 그 질문에 대한 대답은 없습니다. 세상과 육신과 마귀는 여전히 우리를 대적하려고 할 것입니다. 그러나 하나님이 우리 편에 계신 한은 우리를 결코 이길 수 없습니다.

두 번째 질문. **"자기 아들을 아끼지 아니하시고 우리 모든 사람을 위하여 내주신 이가 어찌 그 아들과 함께 모든 것을 우리에게 주시지 아니하겠느냐?"**(32절) 다시 한 번, 만일 사도가 그저 '하나님이 모든 것을 우리에게 주지 않겠느냐?'라고 질문했다면, 우리는 '그럴지도 모르죠'라는 불확실한 대답을 했을 게 뻔합니다. 우리에게는 크고 작은 수많은 것들이 필요한데, 어떻게 하나님이 우리의 그 모든 필요를 채워 주시리라 확신할 수 있겠습니까?

그러나 바울이 그의 질문을 표현한 방식은 이러한 모든 의심을 사라지게 합니다. 우리가 모든 것을 주실 것인지 물어보는 질문의 대상인 그 하나님은 이미 우리에게 그의 아들을 주신 바로 그 하나님이시기 때문입니다. 새 영어성경은 32절을 이렇게 번역합니다. "이 선물[아들]과 함께 그분이 어찌 우리에게 모든 것을 아낌없이 주시지 않겠습니까?" 그분이 말로 형언할 수 없는 선물, 즉 죄인을 위해 그의 독생자를 우리에게 주셨다면, 그보다 못한 선물들을 주시지 않을 이유가 있겠냐는 것입니다. 십자가는 하나님의 관대함을 보여 주는 증거입니다.

세 번째 질문. **"누가 능히 하나님께서 택하신 자들을 고발하리요?"**(33절) 이 질문과 다음 질문은 우리를 법정으로 인도합니다. 바울이 주장하는 바는, 우리의 재판관이신 하나님이 이미 우리를 의롭다 하셨기 때문에, 그리고 예수 그리스도가 우리의 입장을 변호하는 변호인이기 때문에 어떠한 기소도 소용이 없다는 것입니다. 누가 우리를 고발하겠습니까? 이 경우에도 '우리를 고발할 수 있는 사람이 누구인가?'라고만 단순히 질문한다면 역시 수많은 이들이 고발하려 한다고 답할 수 있을 것입니다. 우리의 양심이 우리를 고소할 것입니다. '비판자'와 '중상자', '형제를 고발하는 자'라 불리는 마귀도 쉬지 않고 우리를 고소할 것입니다. 그러나 마귀의 고발은 실패로 끝날 것입니다. 방패를 뚫지 못하는 화살처럼 우리에게 아무런 해를 미치지 못할 것입니다. 왜 그렇습니까? 우리를 택하시고, 우리를 의롭게 하신 분이 바로 하나님이시기 때문입니다.

네 번째 질문. **"누가 정죄하리요?"**(34절) 이 경우에도 수많은 것들이 우리를 정죄하려고 합니다. 우리의 마음이 우리를 정죄합니다. 또는 정죄하려고 합니다(요일 3:20,21). 우리를 비난하는 자, 우리의 대적들, 지옥의 귀신들도 우리를 정죄하려고 합니다. 그러나 그들의 정죄는 부질없는 짓입니다. 왜 그렇습니까? 그리스도 예수 때문입니다. 첫째, 그리스도 예수가 우리가 정죄받아야 마땅했던 바로 그 죄를 위해 죽으셨기 때문입니다. 둘째, 그리스도 예수가 그 죽음의 효능을 입증하기 위해 죽은 상태에서 다시 살아나셨기 때문입니다. 셋째, 부활하신 그리스도 예수가 지금 하나님 오른편에 앉아 최종적인 승리를 기다리고 계시기 때문입니다. 넷째, 그분이 하늘에서 우리를 위해 간구하시기 때문입니다. 이처럼 죽으셨다가 부활하시고 높이 올리셔서 중보하고 계시는 그리스도를 우리의 구원자로 섬기고 있기에 우리는 그리스도와 연합한 자들에게는 "이제 결코 정죄함이 없다"라고 담대하게 선포할 수 있으며, 세상의 모든 사람들과 마귀들에게 다음과 같이 도전할 수 있는 것입니다. "너희 중에 누가 나를 정죄하리요?" 이 질문에 그 누구도 답을 할 수 없는 것입니다.

다섯 번째 질문. **"누가 우리를 그리스도의 사랑에서 끊**

으리요?"(35절) 이제 사도 바울은 다섯 번째 질문이자 마지막 질문을 던지면서 우리가 그의 다른 질문들에 대해 하려고 했던 것을 행합니다. 그는 먼저 가능한 답변을 찾으려고 둘러봅니다. 그리고 우리와 그리스도의 사랑 사이에 놓일 만한 모든 역경을 제시합니다. 사도는 먼저 '환난'과 '곤고' 그리고 '박해'를 언급합니다. 이것들은 적대적인 세상이 가하는 압박입니다. 그는 계속해서 '기근이나 적신', 곧 필요한 음식과 의복의 부족함에 대해 언급하는데, 이는 산상수훈에서 예수님이 하늘 아버지의 자녀들에게 약속했던 것이기에 하나님이 그들을 돌보시지 않으신다는 증거로 보일 수도 있습니다. 우리는 '위험'과 '칼'을 접할 수도 있습니다. 인간의 악의에 의해 죽을 위험에 처하고 실제로 죽을 수도 있습니다. 그리고 믿음에 대한 궁극적인 시험인 순교를 당할 수도 있습니다. 그것이 매우 실제적인 시험임을 강조하기 위해 바울은 하나님을 위해 핍박받고 있는 이스라엘을 묘사한 시편 44편 22절을 인용합니다.

> 우리가 종일 주를 위하여 죽임을 당하게 되며
>
> 도살할 양 같이 여김을 받았나이다

그것들은 분명 실재하는 고난들로 고통스럽고, 위험하며, 견디기 어렵고, 우리의 믿음을 심각하게 도전하는 것들입니다. 그럼에도 불구하고, 그런 것들이 하나님의 백성인 우리를 그리스도의 사랑에서 끊을 수 있을까요? 결코 그럴 수 없습니다! 우리를 그리스도로부터 떼어놓기는커녕 '이 모든 일'에, 즉 우리가 고난을 받고 견디고 있는 동안에도, '우리가 넉넉히 이긴다'라고 바울이 선언합니다. '넉넉히 이긴다'로 번역된 헬라어 '휘페르니코멘'은 '우리는 정복자 이상이다'라는 뜻을 갖고 있습니다. 게다가, 우리는 '우리를 사랑하시는 이로 말미암아' 그런 정복자가 된 것입니다. 이 표현을 주목하십시오. 그리스도께서 그의 고난으로 우리에 대한 그분의 사랑을 입증하셨기 때문에 우리의 이러한 고난이 우리를 그의 사랑으로부터 결코 끊지 못한다는 뜻입니다.

38, 39절에서 바울의 진술은 이제 절정에 이릅니다. 그는 '내가 확신하노니'란 말로 시작합니다. 이것이 바로 나의 흔들리지 않는 확신이란 의미입니다. "사망의 위기나 인생의 재난, 선하든 악하든 초인간적인 행위자들(천사들이나 권세자들)이나, 시간(현재나 장래)이나, 공간(높음이나 깊음)이나 '다른 어떤 피조물이라도' 우리를 우리 주 그리스도

예수 안에 있는 하나님의 사랑, 곧 역사적으로 그리스도의 죽음을 통해 나타났고 그리스도의 영으로 우리의 마음속에 부어진 하나님의 사랑에서 끊을 수 없다!"

우리 역시 그 모든 고통과 역경 중에서도 하나님의 사랑을 이렇게 확신하는 가운데 살기도 하고 죽기도 하기를 간절히 바랍니다!

맺는 글

로마서 5-8장의 핵심 주제는 그리스도인의 삶은 새로운
삶, 즉 완전히 '새로운 생명'(6:4)이라는 것입니다. 그리스
도인은 정말로 새롭게 된 사람, 곧 새 사람입니다. 그리고
각 장은 이 정체성에 또 다른 특징을 더해 줍니다.

첫째, 우리는 하나님과 더불어 화평을 누립니다. 우리
는 하나님의 원수들이었지만 이제는 화해하게 되었습니
다. 우리는 이제 은혜의 상태에, 하나님의 은총 안에서, 그
분의 미소 아래 살고 있습니다. 그리고 우리는 궁극적인
영광에 대한 확실한 소망 중에 즐거워합니다.

둘째, 우리는 그리스도의 죽으심과 부활 안에서 그분과
연합했습니다. 이것이 우리가 받은 세례의 의미입니다.
그의 죽으심의 은택과 부활의 능력이 이제 우리의 것임은
우리가 그의 것이기 때문입니다.

셋째, 그러므로 우리는 율법의 두려운 압제로부터 해방되었습니다. 이제 우리와 하나님의 관계는 율례와 규례에 대한 맹목적인 복종에 달려 있지 않습니다. 이제 그리스도 안에서 우리는 은혜 아래 있습니다. 이것이 그리스도께서 우리에게 주신 자유입니다.

넷째, 동시에 우리는 우리 안에 성령을 모시고 있습니다. 우리가 더 이상 구원을 얻기 위해 율법을 지킬 의무는 없지만, 이미 구원받은 우리는 성령의 내적인 능력으로 율법의 의로운 요구들을 성취할 수 있게 되었습니다. 우리를 성화시키는 성령은 또한 우리가 하나님의 자녀들임을 우리의 마음속에서 증언하시고, 우리의 기도생활을 도우십니다.

다섯째, 마지막으로 우리에 대한 하나님의 영원한 목적이 성취되는 것을 방해하거나, 우리를 그리스도 안에 있는 그분의 사랑으로부터 끊을 수 있는 것은 아무것도 없습니다. 그리스도인의 모든 특권 중 가장 큰 특권은 인생의 우여곡절 속에서도 우리가 절대로 안전하다는 이 지식입니다.

인생의 우여곡절은 매우 다양합니다. 적대적인 세상이 우리에게 가하는 환난들이 있습니다. 중생한 우리 안에 여전히 남아 있는 '육신', 곧 타락한 본성, 우리로 우리의 비참함을 탄식하게 하고 구해 달라고 부르짖게 하는, 우리를 끝없이 괴롭히는 '우리 속에 거하는 죄'가 분명히 있습니다. 또한 다른 피조물과 함께 탄식하며 당하는 고통이 있습니다. 외적인 박해와 내적인 도덕적 타락, 육신의 연약함 등 이런 것들이 우리가 늘 안고 있는 문제들입니다. 우리가 그리스도인이라고 해서 이런 것을 피할 수는 없습니다.

그리스도인의 특권이 이런 시련을 겪지 않게 보장해 주지 않는 것처럼 의무를 면제시켜 주지도 않습니다. 오히려 그 반대로, 우리는 '빚진 자들'(8:12)입니다. 그의 죽으심과 부활 안에서 우리는 그리스도와 연합된 만큼 새로운 삶을 살아야 할 책임이 있습니다. 우리는 우리 자신을 하나님의 종으로 그분께 드렸으므로 그에게 순종해야 합니다. 우리는 성령을 받았으므로 성령에 따라 행해야 합니다. 또한 새로운 생명을 받았으므로 그와 모순되는 것은 모두 죽여야 합니다.

그리스도인으로서, 곧 새롭게 된 사람들로서 우리의 위대한 특권들을 더 분명히 알수록 '새로운 생명' 안에서 살아야 할 우리의 의무는 더욱 커지는 것입니다. 그리고 그렇게 살고자 하는 우리의 열망 또한 더욱 강렬해질 것입니다.

참고 도서

F. F. Bruce, *The Epistle of Paul to the Romans: An Introduction and Commentary* (Tyndale Press, 1963).

E. F. Kevan, *The Saving Work of the Holy Spirit: Keswick Bible Reading on Rom. 7:14-8:27* (Pickering and Inglish, 1953).

H. P. Liddon, *Explanatory Analysis of St Paul's Epistle to the Romans* (Longmans Green, 1893).

C. J. Vaughan, *St Paul's Epistle to the Romans* (Macmillan, 1859).

존 스토트의 로마서 5–8장 강해

새 사람

초판   1쇄 발행 2011년 12월 19일
초판   4쇄 발행 2013년 12월 13일
개정판 1쇄 발행 2016년 9월 26일
개정판 3쇄 발행 2024년 4월 26일

지은이 | 존 스토트
옮긴이 | 정지영

펴낸이 | 정선숙

펴낸곳 | 협동조합 아바서원
등록 | 제 274251-0007344
주소 | 경기도 고양시 덕양구 삼원로 51 원흥줌하이필드 606호
전화 | 02-388-7944 **팩스** | 02-389-7944
이메일 | abbabooks@hanmail.net

© 협동조합 아바서원, 2011

ISBN 979-11-85066-98-1 03230

잘못 만들어진 책은 구입한 곳에서 교환해 드립니다.

존 스토트 John R. W. Stott

1921년 4월 런던에서 태어난 존 스토트는
복음주의 최고의 강해설교가이자 뛰어난
신학자이며 작가다. 영미 복음주의의
전통을 이루던 믿음과 행함의 구별,
복음 전도와 사회 참여의 구별을
참회하고, 1974년 빌리 그레이엄과 함께 복음주의 운동의 전환점
을 마련한 로잔 언약의 입안을 이끌어 냈다. 30여 년간 한 교회를
헌신적으로 섬긴 목회자이기도 한 그는, 탁월한 설교와 소탈한 인
격, 혁신적인 교회 사역을 바탕으로 전 세계의 그리스도인들에게
영향을 미쳐 20세기 복음주의의 시금석이 되었다. 철저하게 '성
경적이며', '균형 잡힌' 그리스도인이자 '급진적 제자'이길 원했던
스토트는 영국 복음주의연맹, 런던 현대기독교연구소와 랭햄 파
트너십 인터내셔널을 이끄는 동안 복음주의의 사회 참여와 통전
적인 복음, 성경적 연합에 힘을 쏟으며 복음주의 운동의 대표 지
도자로 우뚝 섰다. 몇 차례 한국을 방문해 한국 교회에 강해설교
의 지평을 넓혀 준 그는, 은사주의자, 자유주의자와 대화하는 데
결코 주저하지 않았지만, 비성경적, 반복음적 신학에 대해서는 여
지없이 날선 비판을 제기해 복음의 수호자인 동시에 행동하는 복
음주의자로서의 면모를 아낌없이 보여 주었다. 「타임」이 선정한
세계에서 가장 영향력 있는 100인 중 한 명에 오르기도 한 그는
2011년 7월 27일 주님의 품에 영원히 안겼다.

옮긴이 정지영

역사학과 신학을 공부한 후 IVP, 복있는 사람, 새물결 플러스 등에
서 북마스터, 편집, 기획, 출판 디렉터 등 다양한 출판 일을 경험한
문서 운동가다.

책 만드는 협동조합 **아바서원**

blog.naver.com/abbabooks
facebook.com/abbabookhouse